啟動你的韌性開關

十二道練習給情緒正能量，讓內在更強大

Unlock Your Resilience

Strategies for
Dealing with Life's Challenges

史蒂芬妮・艾茲蕊 著
Stephanie Azri

洪慧芳 譯

推薦序
擺脫焦慮，培養韌性

瑞秋・凱利（Rachel Kelly）

作家及心理健康運動的推動者，也是慈善組織 SANE 及
「反思精神疾病」（Rethink Mental Illness）的推廣大
使，也是《在雨中歌唱：快樂的 52 個小撇步》（Singing
in the Rain: 52 Practice Steps to Happiness）作者

　　如果這本書是二十年前我深受憂鬱與焦慮所苦的時候出版就好了。當時，服用抗憂鬱藥似乎是唯一的選擇。我並不是說吃藥沒效，我只是希望當時的我知道，我還可以做那麼多事情來幫助自己。

　　後來，我發現了營養學、正面思考、閱讀治療（Bibliotherapy）等方法的力量，也寫了心理指南來幫我自己維持冷靜與健康。艾茲蕊醫生的著作充滿了可以實作的建議。依循她針對各種狀況（從壓力管理到憤怒意識）所提出的建議去做，你也可以擺脫焦慮，培養韌性。書中有許多練習可以嘗試，許多指南可以參考，許多話題可以討論，還有許多技巧值得學習──這一切都是以令人耳目一新、切實可行又平易近人的方式傳達。

　　讀完這本指南時，我心想，天啊，要是可以和艾茲蕊醫

生結識，一旦我再次陷入麻煩，就可以打電話跟她求助，但現在我不需要這麼做。這本書是你可以依賴的指南，無論你何時需要它，即使是凌晨三點，它也是寶貴的資源……要是能早幾年出版就好了！

推薦序
龜兔賽跑，烏龜為什麼會贏？
你可能問錯問題了！

陳志恆醫師

最近，我在睡前給女兒說「龜兔賽跑」這則寓言故事。兔子因為太過輕敵，在半路睡著了，被烏龜給追趕過去；醒來才發現，烏龜已經抵達終點。

這個故事告訴我們什麼呢？

通常，給孩子講完一個故事，都要延伸一些道理或啟發，為這則故事做個總結。我說：「這故事告訴我們，烏龜會贏，是因為牠很勤奮，堅持到底！」當我這麼說時，腦中浮現另一個想法：

「烏龜會贏，是因為運氣好吧！牠遇到一隻輕敵偷懶的兔子。」

那麼，真正值得探究的是什麼？

我問孩子：「烏龜明知道自己沒有兔子身手矯健，明知道兔子一出發就遙遙領先，為什麼還願意堅持下去？為什麼依然不放棄呢？如果是你，你願意接受挑戰？即使會輸仍願意堅持嗎？」

或許，這才是值得思考的地方。我們不只要教孩子如何成功，更該教導孩子面對挫敗。與孩子談談，在逆境中如何自處，如何堅持、如何重生；當巨大的挑戰當前，如何願意去嘗試，即使失敗了仍不被「打趴」？

這些，全都與一個人身上的「韌性」有關。

不只是孩子，現代社會有許多成人深受各種身心困擾所苦。其中，精神疾病所帶來的折磨，經歷過的人才懂得個中滋味。這些人，有不少是所謂的成功人士，他們表面上看起來積極進取、意氣風發，然而，內心深處卻有著膽怯、恐懼、焦躁、暴怒、無力、沮喪……等不為人知的一面。

一路順遂的人生，在逆境來臨時，有人穩健向前，有人一敗塗地。為何有這樣的差異？和他們實質擁有的條件、能力或智力關係不大，卻和心理素質息息相關。

說得更精確一點，就是心理韌性。

在我的觀察中，擁有高度韌性的人，通常有個特點，就是很有「彈性」。他們不會執著於單一策略或方法，而是隨時調整路線；他們的觀點多元，可以綜觀全局，從不同的角度切入。最重要的是，他們能快速調控自己的身心狀態，讓情緒回到穩定。因為，他們的內在寬廣，可以包容發生在生命中一切，不管好的或壞的。

我相信，這些人，也一定使用著多元的策略，來構築起自己的韌性。

事實上，每一個人都具有自我調整的能力，然而，在成長及受教育的過程中，慢慢失去身為人本有的彈性。《啟動

你的韌性開關》一書,試圖提供你多元策略,幫助你找回或重新打造韌性,包括 12 個策略分屬三大面向,分別從「內在」、從「人群」及從「未來」下功夫,讓你更具彈性。

我認識一個孩子,從小個性好勝不服輸,在校成績表現優異,但卻因為衝動控制不良,時常情緒失控,與同學或師長起口角,學校老師常說他「挫折容忍力太低」。父母三天兩頭跑學校幫孩子善後,除了不斷與孩子懇談,還帶他去求訪專家,但卻仍不見改善。

小四升小五時,這孩子有了大幅的改變。不但逐漸能自我控制,遇到挫折也不會失控怒吼;更與同學相處融洽,越來越受歡迎,學校老師都大感驚訝!

我問他的家長,到底是怎麼幫助孩子的?

「我也不知道。某天起,我就每天下午放學後,帶他去公園跑步,陪他打羽毛球。幾個月後,他就整個人都變了!」

我思索著,這奇蹟的改變,竟來自於尋常不過的調整策略——陪著孩子去運動。一方面,運動本就有助於抒解壓力、調節情緒、增進睡眠品質;再來,在運動中獲得的成就感,提升了孩子的自我價值;運動技能增強和體能改善,讓孩子更能與其他小朋友打成一片,進而改善人際關係。更重要的是,父母願意花時間陪伴,建立親子間的情感連結,讓孩子感受到安全與溫暖。

事實上,啟動韌性開關,每個人都做得到,也可以在生活中練習。翻開《啟動你的韌性開關》一書,選擇適合你的

多元策略，你也可以有脫胎換骨的改變。

陳志恆　諮商心理師、暢銷作家。曾任中學輔導教師、輔導主任，目前為臺灣 NLP 學會副理事長。著有《脫癮而出不迷網》、《正向聚焦》、《擁抱刺蝟孩子》、《受傷的孩子和壞掉的大人》、《叛逆有理、獨立無罪》、《此人進廠維修中》等書，為博客來、讀冊百大暢銷書作家。

目次 Contents

第三部　朝正面的未來下功夫

前言

　　韌性這個概念，在二十一世紀變成影響個人面對逆境的重要因素。過去十五年來，韌性理論以及為兒童設計的韌性養成方案在全球蓬勃發展。透過這個領域的大量宣傳與努力，兒童獲得了普遍的支持，一些根本的技巧（例如拙著《超級兒童的健康心態》〔*Healthy Mindsets for Super Kids*〕與《兒童的健康心態》〔*Healthy Mindsets for Little Kids*〕中提到的）將來也會成為學校、社區中心、家庭經常傳授的知識。坦白講，這令我感到相當窩心。我期待看到所有的兒童都獲得有效、平價又方便的輔導方案，以培養韌性，降低罹患心理問題的風險。

　　然而，我在私人單位主持這類兒童韌性養成方案越多次，越覺得他們的父母（或照護者）也缺乏這些技能。此外，我開始為一家公衛服務機構管理心理健康團隊時，也發現越來越多的患者出現情緒調節障礙（面對沮喪情境時，無法調節及掌控情緒）、欠缺社交與溝通技能、焦慮不安。他們似乎也不太明白，缺乏正面思維與韌性不僅影響個人健康，也影響周遭人的健康。

　　一開始，有成人問我如何把《超級兒童的健康心態》套用在他們身上，所以我開始配合成人來修改部分內容。後

來，我用書中的技巧在私人單位裡輔導成人，甚至在進行「適當」的治療之前就開始這麼做。結果，「今天什麼很有效」（What Worked Well today，簡稱 WWW）與「你期待什麼？」（What are you looking forward to?）之類的練習大受好評。不過，當大家對成人韌性養成的需求超過我能提供的輔導時，友人馬克建議我為成人寫一本書，他稱之為心理對策的「雞湯」，目的是教導成人管理日常生活的基本技能。

《啟動你的韌性開關》就是這樣的書。這本書的目的是傳授成人一些基礎技能，幫他們改善生活品質，也讓那些已經知道技能的人能夠溫故知新並付諸實踐。它援引了多種心理療法，包括認知行為治療（CBT）、正向心理學、解方導向的干預（solution-focused interventions）等等。這本書絕對不是為了治療重大心理問題或取代治療。然而，它可以配合治療一起使用，作為其他療法或方案的輔助。

簡言之，這本書適合每一位對改善個人健康幸福有興趣的人，無論你是否正面臨心理問題。就像拙著《超級兒童的健康心態》與《兒童的健康心態》一樣（這兩本是非常實用的韌性養成指南，提供類似的實用內容），這本書主要分成三部分，共十二章：

1. 自尊
2. 正面思考
3. 情緒調節、正念、感官對策

4. 關愛自己

5. 溝通與協商

6. 焦慮與壓力管理

7. 憤怒意識

8. 社交聯繫與健康的人際關係

9. 身心健康

10. 解決問題與靈活性

11. 找出意義與使命

12. 管理危機與失落

　　每一章都包含技能培養、討論主題、「韌性養成方案」參與者的經驗談、活動和一些練習表。每一章最後是以「摘要」作結，以強調那章傳授的技能，同時作為家庭作業。十二個章可以一併使用，也可以個別使用；可以按順序使用，也可以隨機使用；可以自己閱讀，也可以作為治療的一部分。書末的附錄是為了增添樂趣，收錄了更多的練習表、網路連結和其他資源。

　　這本踏實的指南是一份完整的資源，適合所有的成人與青年，也適合輔導成人與青年的任何專業人士[1]。

1　想了解更多培養韌性的資訊與祕訣，請連上我的網站 www.stephanieazri.com，訂閱電子報，以獲得免費的最新消息與資源。您也可以加入我的臉書專頁：https://www.facebook.com/DrStephanieAzri。

　　歡迎大家隨時與我聯繫以尋求建議與回饋，讓我知道你學習這些技能的狀況，我真心期待您的來信！

　　　　　　　　　　　　　　　　　堅韌的史蒂芬妮

第 一 部

從內在下功夫

第一章

自尊

　　我記得我是聽「自尊」這個詞長大的，那是我們應該追求的目標，是可以帶給我們成功與快樂的東西，卻沒有人告訴我怎麼得到它。那是一個模糊的概念，就像彩虹與獨角獸一樣，唯一的差別是：找到它是終極目標，要是找不到它，我就慘了！

　　幾十年過去了，這個概念幾乎沒什麼改變。自尊依舊是個模糊的概念，我們知道那是我們應該努力追求的東西，也是一般人決定尋求治療的最常見原因。許多自尊低落或自我價值感低落的成人，也有情緒低落、韌性差、動力不足等問題，而且常伴隨著持久的社交與心理問題。簡言之，自尊與自我價值感可用來預測幸福快樂的程度、恢復力、對生活的滿意度，這也難怪自尊與自我價值感那麼重要。

　　這一章是談如何培養成人的自尊，但這裡插播一個新聞快訊！這世上沒有獨角獸，也沒有萬靈丹，自尊與自我價值感需要從內在培養（這對有創傷經歷的人來說是不小的挑戰）。所以，我們先從簡單的部分開始吧！

　　「自尊越強，我對生活越滿意，感覺一切水到

渠成。思維正面，事業成功，人際關係與社交活動健全發展，一切都變得更容易了！」

💡 自尊低落或自我價值感低落的原因

成長過程中飽受虐待或苛責

童年艱困、疏於教養或飽受虐待，可能使人成年後缺乏自信。負面思考、謾罵或苛責所造成的傷害很難扭轉。如果你有這樣的成長背景，我覺得很遺憾。那些負面的訊息破壞了你對自己的看法，但我希望你知道，你是特別的，現在是了解你的優點與潛力的時候，讀這本書是一個很好的開始。

耳濡目染

有些人一輩子飽受自尊低落所苦，也許是父母常貶抑他們的身體形象，周遭的朋友特別消極負面，或身邊只有自尊低落的榜樣。我們常受到他人的耳濡目染，有時那些負面的特質會伴隨我們一生。

遺傳或家庭特徵

說到基因遺傳，有些家庭就是比其他家庭更幸運一些。對有些家庭來說，自尊很難找到，而且還伴隨多種心理問題。如果你的家族有心理問題的病史，你可能也有自尊低落的問題，或你的自尊低落可能導致一些心理問題。然而，切記，遺傳不是無期徒刑，一定有方法可以治療。

創傷與壓力

　　持續的壓力，求學、職場或運動上的創傷及表現不佳，都可能讓人對自己喪失信心。同樣的道理也適用在人際關係的問題、財務困難、失業、其他形式的拒絕上。失去自信，覺得自己不夠格，無論是真是假，都可能使人質疑自己的能力及未來的潛力。

🔦 自尊低落的特點

　　自尊低落的人通常有一些共同的特徵，包括了內在的想法與外在的行為，例如：

- 自我批評嚴苛。
- 不相信正面特質與讚美。
- 常感到自卑。
- 消極的自言自語（例如「我好胖」、「我永遠辦不到」等等）。
- 將好事歸因於運氣，把壞事歸因於自己。

　　「直到姊姊點醒我，我老是為自己缺乏成就或失敗而辯解，我才了解『自尊』的整個概念。如今回想起來，我可以明白，當我老是貶抑自己或花很多時間解釋為什麼我不做某件事時，社交對每個人來說也變成很大的累贅。姊姊的話有如當頭棒喝。」

　　由於這種消極的自言自語沒完沒了，生活的其他面向也受到影響。例如，一個人允許他人苛待自己時，人際關係通常也會出問題（「我再也找不到更好的人了，所以我應該讓這段關係繼續下去。」）。或者，反過來的情況也可能出現：自尊低落的人可能感到憤怒與怨恨，有時甚至被貼上惡霸的標籤，這一切都是為了彌補他們對自己的真實感受。

　　自尊低落的人通常害怕失敗或遭到評判，所以他們可能想要迴避活動，拒絕嘗試新事物，或不斷尋找「證據」來突顯他們不論做新的事物或目前做的事情都不會成功。雖然這很常見，但有些人的反應正好相反，他們加倍努力，出類拔萃，逼自己突破一般人眼中的「常態」，不斷累積成果，甚至覺得那些成果不值得一提。

　　儘管自尊低落不算是心理失調，也確實不是心理問題，但韌性差（無法從考驗與挑戰中振作起來）和一般的關愛自己與破壞行為（包括嗑藥）之間有相當明顯的關連。自尊越低，生活的其他方面越有可能陷入困難。這更加突顯出盡早培養正面與健康的自尊非常重要。只要你相信自己，外界也會相信你！

💡 想一想……

　　想想你是怎麼變得自尊低落的？每個人都有不同的原因與經歷，但我希望你思考以下幾點：

- 你有自尊低落的特徵嗎？
- 你想解決或改變自尊低落的問題嗎？
- 對於「你有責任解決這些問題」，你有什麼感受？
- 對於「你有能力提升自尊」，你有什麼感受？
- 對於「自尊低落深深影響你的心理健康、人際關係、社交圈、未來經歷」，你有什麼感受？

對一些人來說，這些問題可能像在質疑他們，令人頭疼，但也可能賦予他們解決問題的力量。知道我們能控制任何負面情緒，就像其他的事情一樣，會引發矛盾的感受。然而，重要的是，知道這不是在自責，更不是要刻意淡化我們經歷過的任何創傷，而是為了拿回掌控權並及時做出決定。我們應致力提高韌性與心理健康，同時以開放的心態來質疑自己的想法，直到我們對自己、自己的韌性與自尊感到滿意為止。

想想下面兩個人針對上述問題所做的回答，他們的回應有什麼相似之處？有什麼差異？你認為哪一種回應比較可能促成較高的自尊？

「我覺得我做任何事情都不會滿意。事情要怎麼發展，早有定數，不是我能掌控。要不是我爸媽把我搞得一團糟，我可以吹噓自己的成就，而不是每次家庭烤肉會上都覺得自己很失敗。」

相對於：

> 我總覺得自己不如人，什麼事都很難，我已經
> 死心了。但是，如果真的有機會可以提高自尊，改
> 變一切，我一定會全力以赴！

對有些人來說，改變的第一步是接受他們有幸福快樂的權利，他們有能力獲得幸福。因此，我給你的挑戰是：知道這個決定操之在你，相信你可以提高自尊。

你準備好以後，看看下一頁的「領域輪」（domain wheel），找出所有適合你生活的領域（你也可以隨意添加與你相關的領域）。你能說出你在每個領域的優勢嗎？例如，你是親力親為的家長嗎？你是貼心的伴侶嗎？你的廚藝很棒，或學業很好嗎？當填寫「領域輪」時，請在每個領域中列出你的技能、優勢或你喜歡的事情。

你會注意到你有一些成就、日常任務、或你真正喜歡的事情，是別人不會的。你可能也會發現你的領域輪和周遭的人不一樣，這可能會、也可能不會讓你感到焦慮。你的領域輪比別人好嗎？比別人差嗎？或者，只是截然不同罷了？也許你最要好的朋友事業有成，但是在親子教養或人際關係方面不太行。也許你的伴侶在信仰方面很虔誠，但你更喜歡帶著孩子每年參加一次慈善長跑。這個練習雖然是為了找出你現有的優勢，但它也是為了讓你接納自己的差異。

與他人不同並不是壞事，我希望你能用心從全面的角度

我的領域輪

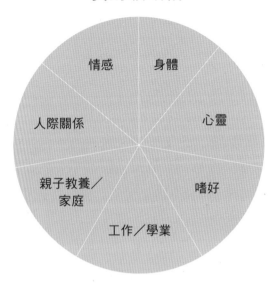

我可以在不同的領域發揮（可以試著自己寫下來）：

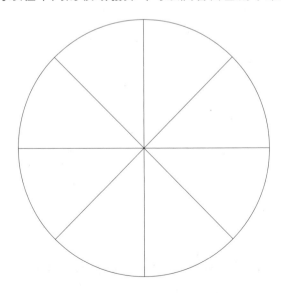

來看待自己的優點。沒錯，你父親也許可以臥推一百公斤，但你本來就對臥推不感興趣，所以不需要在乎那件事。你應該為你製作的家族陳列櫃感到驕傲，現在櫃子裡陳列著你祖父的參戰勳章。

培養健康自尊的一部分，是接受某方面不見得要比其他方面優越。我認識許多女性，她們覺得把家裡打理得井然有序比世上任何事情還要重要。對她們來說，事業有成需要犧牲太多的家庭生活。不過，也有很多女性抱持不同的看法，她們需要同時涉足好幾個領域，才覺得自己有價值、生活得很充實。那些女性可能把親子教養與工作和學習結合起來。無論如何，這都突顯出「解讀」與「價值觀」在面對自尊問題時的重要性。你可能在某個領域非常有才華或非常成功，但如果你不重視它，那對你來說就沒有什麼意義。

看你的領域輪，想想你的優先要務，你覺得哪個領域最重要？哪個領域帶給你更多的快樂、驕傲或滿足？下次你又拿自己和某個陌生領域的成功人士相比時，問問自己，你何必這樣做？你可能對那個領域本來就沒有興趣，或者你專注在對你來說更重要的領域，或者你根本沒探究過那個領域。

不管原因是什麼，請接受你的不同，對那些比較提出質疑，同時突顯出你的個人優勢。

💡 建立自尊！

講完培養自尊有多重要以後，我們來談談培養自尊的實

用對策。就像本書的其他練習一樣，它們都需要你有嘗試的意願，而且需要反覆練習。換句話說，你需要練習、練習、再練習！

正面的自我對話

前面提過，自尊可能源自於負面標籤、嚴苛的評論或創傷經歷。如果是這樣，正面的自我對話可以使人振奮。雖然他人的正面意見也很棒，但最終，最有效的是自己的正面回饋——像正面肯定（「我可以做到！」）、加油打氣（「一切都會順利的！」）、友善字眼（「我和其他人一樣好！」）是第一步、也是最重要的一步。大腦先天會認真看待我們的想法，信以為真，所以我們需要確保自己抱持正面心態。

質疑負面想法

有時負面想法會闖入腦中，揮之不去。那種負面想法可能是針對自己、某種情況或事件，或是對未來的展望。下一章我們會探討負面思維，但我想先提一下質疑「負面的自我對話」很重要。這些想法一進入腦中，就應該把它們趕出去。

停止無謂的比較

每個人都不一樣，你在某方面可能不是最優秀的，但也不可能是最糟的。每個人各有優缺點，別再比較根本不同的東西！如果你的姊妹、好友或伴侶升遷了、減了十公斤，或

買了新車,對他們來說可喜可賀,但是對你和你的能力並沒有影響。別以他人的成就來衡量自己的成就。

答謝他人的讚美

說實話,我在這方面也做得很糟。聽到別人的讚美時,我常當作沒那回事或置之不理。但我們一起來改變吧!有人讚美你時,就欣然道謝。對方要不是真的覺得你做得很好,就不會大費周章讚美你。能夠聆聽、接納、感謝他人的讚美,是培養健康觀點的開始。接納讚美就是大腦在說:「對,這是我應得的。」或「太好了,我很棒!」

列出你的特質

無論是在腦中思考,還是寫下來,或是採用其他方式,請列出你的正面特質與成就,並在你展現這些特質時,與親友分享。也許是慶祝畢業、工作成就或里程碑,或是你做出最好吃的花生醬巧克力餅乾。無論是什麼,都值得自豪。把它們儲存在你的正面思維記憶庫裡,每次情緒低落時,都可以去看一下。

放下,繼續前進!

沒錯,這可能聽起來有點嚴苛⋯⋯但是請容我說完。過去的失望與傷害都是真實的,那需要承認及處理。然而,一旦你正視那些傷害後,就應該抽離。不斷回想過去的創傷或負面經歷,會讓人覺得自己不夠好、自責或絕望。當我們專

注於現在與正向的未來時，也孕育了希望。我們因此創造了一個新的現實、一個新的未來。未來的每天都很棒，而且持續成長。

> 「自尊低落會影響一切！工作態度、工作機會、家庭生活、心理健康、飲食，你的一切都會受到影響！」

摘要

自尊是成人擁有健康心態的第一步。前面提過，一個人自尊低落有很多原因，可能是家族史、受到糟糕榜樣的耳濡目染、受虐或遭到忽視、罹患心理問題，或單純只是性格使然。久而久之，自尊低落會給自己與他人帶來麻煩。坦白講，跟心態負面的人相處久了，也令人厭倦。雖然那不是任何人的錯，但你應該考慮一下那些可以改變自我看法的練習。尋找你有什麼優點，好好了解它們並盡量發揮。找出自己的缺點，致力改進與成長，但不需要太在意。只要最終你學會喜愛及欣賞自己，即使你有那些缺點，你也已經成功了一半！

任務練習

• 想想你的自尊，以及你有多少能力去改變及提升自

尊。一旦你有心提升自尊,就把你的決定、責任、希望和興奮的感覺說出來或寫下來。這是一種象徵性的動作,也是啟動這個改變歷程的第一步。

- 列出你的缺點,想想它們來自何處,以及你對它們的感覺。那些缺點是你想改變的行為嗎?還是你覺得會跟著你一輩子的特質?列好後,別再為你無法改變的缺點而糾結,開始思考你可以改變的部分。然後,就放下這件事,不再糾結。有些人可能會撕掉那份清單。有些人會燒掉那份清單或進行另一個象徵性的動作。你的目的是接納自己的不完美。

- 列出你的優點與成就。想一下列出優點的難易度,想想為什麼列出缺點遠比列出優點來得容易,然後努力想出更多的優點(必須比缺點還多)。不要找藉口,今天你的焦點是放在優點上。你承認缺點時,不要因此忘了你是很棒的人!

- 練習你的才華。也許你擅長文字,你可以寫封信給某人;在朋友面前彈一首鋼琴曲;幫一群人想出美化環境的點子。無論你的技能是什麼,你要學習找出它們,並在適當的場合把它們展現出來。

- 投入一個新嗜好、課程或方案。歡樂及成就感也可以讓人提升自尊。透過不同的途徑了解自己,醞釀各種正面體驗的機會。

- 練習在恰當的社交場合,與人分享你的優點與成就。也要學習欣賞他人的優點與成就,然後與他人一起欣

賞彼此的差異。

- 所謂「裝久成真」！一開始，答謝別人的讚美或告訴
  親友你完成了什麼，可能感覺很彆扭，但你還是要學
  習這樣做。當你懂得欣賞自己的優點時，自尊就會逐
  漸提升。所以先撇開尷尬的感覺，這樣做就對了！

第二章

正面思考

身為治療師，正向心理學與正面思考是我最喜歡的主題，這是有原因的！很多證據證實，想法會影響行為。研究顯示，正面的想法會促成更健康的人生觀，讓我們對活動產生更正面的解讀，心理也比較健康堅韌。在開始探討這個主題之前，誠如第一章所述，我絕對沒有想要淡化處理重大的心理問題，也無意忽視那些導致一些人無法正面思考的創傷、挑戰和原因。本章的目的是想促使大家了解正面思考的好處，幫你積極養成正面思維。

我們從頭開始吧。一個人為什麼會有某種感覺？為什麼會對事情產生負面觀感？認知行為治療（CBT）是亞倫・貝克醫生（Aaron Beck）在一九六〇年代發明的實證療法。根據 CBT 的說法，人之所以不快樂，有三個原因：

- 對自己有負面看法（「我很胖、很醜、或很笨」）。
- 對事情抱持負面態度（「我的杯子總是半空的」）。
- 對未來有負面看法（「畢竟，以前衰事就曾經發生在我身上，現在怎麼可能改變呢？」）。

根據 CBT，同樣的道理也適用在相反的情況。人之所以感到快樂，也是同樣的原因使然：

- 對自己有正面看法（「我很聰明、很健美、很上進」）。
- 對事情抱持正面態度（「我的杯子總是半滿的」）。
- 對未來有正面看法（「畢竟，以前事情發展到最後總是出現轉機，現在怎麼可能更差呢？」）。

想想你看待自己的方式（這裡適合回顧一下第一章），你的觀點有多客觀？是正面、負面，還是正負面都有一點？你對自己的看法如何影響你的整體經歷？

接下來，想想你平常看待事情的方式。你比較悲觀、還是比較樂觀？你習慣勇敢面對生活，還是很容易被小事搞得心煩意亂？

最後，想想你的生活經歷。那些經歷整體來說是負面的、還是正面的？你認為未來會如何發展？跟以前一樣，還是不一樣？

> 「我成長的過程中，周遭都是思維很負面的人。本來我沒多想這件事，後來伴侶指出我的心態有多負面時，我才意識到這點，我終於明白我的思維是受到那種環境的耳濡目染。」

💡 該怎麼辦？

你的展望，與你對自己、對事件、對未來的觀點有多相近？把這些觀點轉成正面後，你就有可能感受到自己握有掌控力、更有希望、更堅韌嗎？

請原諒我問這個刁鑽的問題，但答案是肯定的！

為了提升韌性，我們需要接受一個事實：我們的展望與我們正面看待事物的能力非常重要。想想以下的情境，你出門吃飯以前，突然發現身上的牛仔褲髒了。你坐在車裡，盯著大腿上那個深藍色的圓圈，但這時手機提醒你該走了，你怎麼想？

> 「我常碰到這種事！為什麼我就不能好好出門一趟？難道我不該好好休息一下嗎？」

相對於：

> 「天啊……我怎麼剛剛沒發現！這下子正好可以試穿上週剛買的新褲子，我得趕快去換衣服。」

想想這兩種說法對你當晚有什麼影響。對於第一種說法，你可能有什麼反應？

✓生氣？

　　✓ 沮喪？

　　✓ 覺得自己是受害者？

　　✓ 取消晚餐？

那第二種說法呢？你可能有什麼回應？

　　✓ 不受影響？

　　✓ 主動積極？

　　✓ 覺得一切在掌控中？

　　✓ 以平靜的正面心態去用餐？

　　現在我想請你舉例說明你在現實生活中做過的選擇。想想發生了什麼事，你當時抱持什麼想法，以及最後的結果。為了幫你舉例說明，可以考慮採用下頁的 ABC 模型：

　　以你現實生活中的想法來做練習。試著記住你的想法與它們的結果。接著，以負面想法來做這個練習，並根據那些想法改寫結果。最後，以正面想法來做練習，有什麼變化？你注意到結果有什麼不同了嗎？

　　我從艾茲蕊醫生學到的第一件事就是 ABC 模型，她讓我一遍又一遍地練習。有一天，我突然不需要再練習了，大腦已經可以自動完成。腦中充滿樂觀的想法，而不是老是妄下悲觀的結論，讓我頓時輕鬆了許多！

ABC 模型

行動（Action）：發生了什麼事？

想法（Beliefs）：腦中浮現什麼念頭？

結果（Consequences）：結果是什麼？你感覺如何？
你做了什麼？

對許多人來說，拿出現實生活中的例子可能有點困難，所以他們故意編造出有點滑稽的負面想法。但是，當大腦死守著早已習慣的陰鬱想法時，想要轉念成正面想法更是困難。我給患者的一個重要建議是，確保他們提出的正面想法是真實的。例如，如果你上週沒買新褲子，第33頁的那個例子就顯得愚蠢。不過，對即將外出用餐的人來說，改換一件緊身褲可能是他當下能想到最實際的正面想法。想著「珍妮應該不會介意我穿著運動緊身褲去吃飯吧」依然比「我整晚都毀了，還不如待在家裡」更令人振奮。

我們來討論一下做這個練習時看到什麼。你覺得這個練習是棘手、還是簡單？你感到驚訝嗎？你對正面積極的態度所產生的正面結果有什麼感想？這是你可以經常練習的作法嗎？

有些人覺得，正向心理學的概念本身就令人難以置信。他們要不老是抱著負面思維（受身分的影響），不然就是不相信現實可以是主觀的，或與我們感知資訊的方式高度相關。對這些人來說，在培養出正面健康的思維以前，他們必須先放下負面觀感。本質上，他們需要先認同，他們的想法可能是主觀的，放棄那些主觀的想法並不會改變他們的身分，而且還有助於治療他們的負面心理。

　　「某種程度上，我抱持『負面』想法時有點自豪。我覺得那些負面想法讓我顯得更『有深度』或『藝術氣息』。我覺得自己看起來更聰明、更有思

想。大腦中的理性知道，這不是真的，沒有人喜歡
跟老是負面消極的人在一起。但我想，有部分的我
還是喜歡把自己想成一個飽受折磨、遭到誤解的無
名小卒，我內心深處常那樣想。」

💡 質疑內心的聲音

自我對話是我們內心的聲音，每天都有一個聲音悄悄地
告訴我們一些事情。這個微小的聲音總是感覺很真實，即使
它很嚴苛、主觀，甚至有誤。你可以把它想成我們的吉明尼
小蟋蟀（Jimini Criket）*，它指引著我們如何思考、行動與
感受。對有心理問題或韌性差的人來說，這種小小聲音（自
我對話）是消極負面的。它不斷說著：我們很醜、很蠢、不
夠好，發生在我們身上的事情都是無緣無故的，最好放棄未
來，因為未來不值得努力。

相信我，如果你正經歷焦慮或憂鬱，你一整天都會聽到
這種消極負面的聲音，也因此，你會以陰鬱的方式來解讀事
情。為了提高你的韌性，我需要先對你提出以下質問：

● 你想要感到快樂嗎？你準備好不再為你的負面想法而

---

* 譯註：在迪士尼經典電影《木偶奇遇記》中，老木匠雕刻了一個
　木頭玩偶皮諾丘後，仙子賦予了皮諾丘生命，並任命吉明尼小蟋
　蟀作為皮諾丘的良心，指引皮諾丘走上正道。

自豪嗎？我不是隨便說說。有些人以憤世嫉俗的方式面對逆境，要他們展現脆弱並不容易。但我確實是抱著溫暖且真誠的關心說這句話——不屏棄消極負面的觀點，你就無法達到目標。

- 準備好了嗎？展開這段旅程，需要做好準備。你的身邊需要有東西支持你——也許是一個必要時質疑你的夥伴、堅定的態度、想要嘗試的動力，以及大量的耐心（練習重塑大腦神經線路時，非常需要耐心）。

- 這攸關什麼？人不會無緣無故地改變。要展開這段旅程，需要先找到讓你覺得這樣做很值得的理由——也許你注意到孩子也有消極負面的想法，也許感情問題一直無法解決，或者你根本對任何事情都不再期待了？不管是什麼，你都需要找到一個改變的理由。

> 「我愛我的孩子，我真的很愛他們。想到我的消極悲觀可能讓他們產生同樣的想法，那是促使我改變負面心態的一大原因。孩子理當過著幸福快樂的生活，我也是！」

什麼是現實查核？

剛啟動這段旅程時，我們很難知道自己的想法是客觀（公正的，不受情緒影響）、還是主觀（受到個人思想、價值觀、意見的影響），尤其是和負面心聲對抗的時候。你可以用底下的問題質問腦中的負面想法：

- 你有什麼證據可以證明你的想法？
- 有沒有可能是你太早下結論了？
- 別人怎麼看你的處境和想法？
- 你的負面思維有其他的替代方案嗎？
- 你的想法對你（或其他人）有助益嗎？

例如，想像下面的情境。你抵達辦公室，總機小姐看你一眼，連聲招呼也不打，就繼續做她的事情。你覺得很受傷，你「知道」她那樣不禮貌，於是你氣沖沖地走到你的辦公桌，你也忽視了會計部的珍妮。如果你以事實查核的方式來質問自己，那可能是這樣：

> 「我能證明總機小姐無禮的證據很有限。畢竟，那可能有兩種情況，一是我太早下結論了。我的意思是說，我真的覺得她對我視而不見，但她似乎完全沉浸在自己的思緒中，所以我也不太確定。如果我不是那麼在意這件事，我就不會那麼生氣了，我也會注意到珍妮對我揮手。也許，對著總機小姐微笑，對她、對我和可憐的珍妮都比較好。」

所以，沒錯，從科學的角度來看，我們可能永遠不知道總機小姐究竟是無禮，還是正在思考個人危機，或是兩者都有。但是說到底，這很重要嗎？還是你因此感到沮喪、惱怒、難過的情緒比較重要？我鼓勵你，每次腦中浮現陰鬱悲

觀的想法時,就問自己這些問題,並看看換成正面想法可能帶來什麼不同。

我們學到正面思維有助於培養更健康的心態後,接著來看一些簡單的練習。

「今天什麼很有效」
(What Worked Well today,簡稱 WWW)

想要培養正面心態與韌性,大腦需要每天接受挑戰。WWW 是一種簡單的練習,可以每天和親友在用餐時做。如果你是家長,切記,孩子會有樣學樣,所以讓孩子也一起練習很重要。例子可大可小 —— 從犒賞自己的巧克力棒,到你期待已久的升遷 —— 只要你能說出至少一件今天很順利的事,那就很棒了。

感恩日記

如果你喜歡寫作(即使你不喜歡,還是可以考慮一下),寫感恩日記有非常療癒的效果。你感激什麼?你可以記下哪些正面的反思?你今天/本週/這個月學到了什麼?接下來你打算做什麼?

期待明天的什麼?

這和 WWW 很像,只是改成面對未來。這個練習要求你每天為明天找一件期待的事,事情可大可小,從開始讀你剛買的新書,到放一個應得的假期。必要的話,可以回歸生

活的基本，例如期待明天可以開車上班。

收聽正向心理學的播客

　　這是我每天上班途中做的事情。你可以在開車、搭火車、甚至走路時收聽（當然，要注意車流！）。我在 Spotify 上找到最愛的免費播放清單後，就再也回不了頭了。傾聽一些人所分享的經歷與希望，讓我想到自己何其幸運，那些都是激勵我的泉源。

Moodgym（澳洲）、MoodCafe（英國）或 Beating the Blues（美國）或類似的線上 CBT 軟體

　　Moodgym 可能是我用過最好的軟體，但還有很多其他的軟體可用。多數軟體是免費或平價的，且可線上使用，你可以按自己的步調利用，而且它們都為參與者提供創新、有效率、實證的 CBT 內容。我非常建議大家把這些軟體視為練習質疑負面思維的方法，它們沒有威脅性，而且老少咸宜，從青少年到銀髮族都適用！

　　　「我花了好幾年的時間，才從『消極南西』變成派對活寶。老實說，有時我甚至覺得自己好像走到了另一個極端。我永遠不會知道真相在哪裡，我是不是太悲觀了？還是太樂觀了？反正我不在乎。我不再為憂鬱所苦，這是我唯一在乎的。」

♥ 摘要

　　有心理問題及韌性差的人大多有負面思維。診斷出憂鬱症或焦慮症的人會告訴你，那感覺真的很糟。我希望我能告訴你，以上都有簡單的療法。可惜沒有。把負面想法轉變成積極向上的想法需要下很大的功夫，所以本章的目的是鼓勵你下這番功夫。誠如我對所有患者都說過的，心理問題不是我們的錯，但我們有責任處理它。所以我想問你，你今天會怎麼處理你的負面想法？你會練習使用 ABC 模型嗎？你會收聽正向心理學的播客嗎？你會練習 WWW 或寫感恩日記嗎？我保證，這些事情都有幫助。但最終，你是一個強大的人，改變必須來自內心。只要你全力以赴，你就能夠改變你和周遭人的生活。

♥ 任務練習

- 思考你的生活和整體展望，你滿意嗎？需要改變嗎？如果需要，寫下你的承諾，或告訴某人你今年想要努力提升韌性的意圖，把它變成目標與優先要務。
- 想想你認識的人中那些態度正面的人。寫下他們的特質以及他們在生活中的表現。接著思考，你是否也想像他們那樣。
- 回想剛剛過完的這一天，你可以找出過程中你有什麼想法嗎？那些想法是正面的、還是負面的？為什麼你

會這麼說？

- 挑選一個負面事件，並套用 ABC 模型。當你把負面想法轉變為正面想法時，發生了什麼？結果如何變化？

- 每天晚上練習 WWW。不要不好意思找人一起練習。你練習得越多，越早開始練習，越容易產生想法。

- 每天早上為一天做準備時，想想你期待的事情。那可能是新挑戰或美好的事物，但是要確保你以正面的心態開始那一天，不要找藉口。如果你找不到任何期待的事情，就更用心思考！

- 每天使用一下認知行為治療（CBT）軟體，例如 Moodgym。你可以自己使用，或陪孩子及伴侶一起使用。增添樂趣，讓它變得更刺激，更有挑戰性。

- 練習正面肯定，或許是面對鏡子，或許是上班開車的途中，或加入每天分享正面肯定內容的社群媒體專頁。無論是什麼方式，盡量讓你的周圍充滿正面積極的氛圍。

- 慎選交流對象。有句話說：「你是你最常交流的五個人的平均值。」如果你周遭都是負面消極的人，我保證你會變得更負面。挑選正面積極的人，不久，你也會跟他們一樣。慎選交流對象。近朱者赤，近墨者黑！

- 寫下三個培養健康心態的理由。是什麼因素讓這段旅程變得很值得？你變得更健康以後，誰會因此受惠？

這裡「真正」的驅動力是什麼？除非你能找到支持你
改變的真正理由，否則改變將無法持久。反之亦然，
如果你能從內心找到在周遭培養正面氛圍的理由，你
已經成功了一半！

第三章

情緒調節、正念、感官對策

　　每個人都有情緒，有時正面，有時負面，這很正常，是日常生活的一部分。我們因韌性、自制力、當下的心情不同，所應對方式也不一樣，甚至連周圍發生的事情，也會影響我們的應對方式。調節良好、韌性強的人，比較容易因應日常的情緒起伏。

　　想想你成年後如何因應壓力、情緒，甚至危機。你覺得很容易嗎？很難嗎？還是時好時壞？

　　　「每次有人惹我生氣或不滿時，我的內心就像火山爆發一樣。我可以感受到微微的刺痛感從腳趾頭開始慢慢蔓延。那感覺抵達雙手時，我的情緒已迅速延燒，什麼也抵擋不住了。最後，我要不是氣到哭出來，就是氣沖沖地離開……」

　　管理情緒的能力稱為「情緒調節」或「自我調節」。那是指面臨挑戰時，能夠藉由情緒、身體或社交調整來控制我們的激發（arousal）程度。我們難免都會遇到情緒考驗，對我來說，社交活動很折磨，那是事實。然而，有些社交是無

可避免的，我必須規劃及採取一些自我調節對策，以確保我應付得宜。那些對策可能包括找個值得信賴的人一起前往赴約、深呼吸、披上我最愛的披肩，或是在現場練習一些正面想法。

以下面的情境為例。你參加一個工作會議，上司把你三天前提交給他的出色作品當成自己的功勞搶走了。你當下的反應可能很錯愕，或奪門而出，或掐他脖子（千萬不要！）。無論你如何反應，你可能當下很火大，但你要怎麼反應？

在你回答之前，先想想，如果你沒有好好處理情緒而衝動行事，那對你的工作、職涯或犯罪史會造成什麼後果。我們可以輕易判斷，這有「安全的」因應方法，也有「不太安全」的因應方式。為了維護聲譽（至少！），你必須保持冷靜與專業直到會議結束之後。接著，很多人會建議，你可以私下找上司談談，禮貌地表達疑慮。不過，當下你如何在會議中調節你的沮喪、憤怒或悲傷？

💡 身心連結

調節情緒的一種方式是透過感官，那可以幫我們放鬆、平靜下來、安撫情緒。每個運用感官的方式各不相同，也因當下的體驗而定。例如，你上課或開會感到昏昏欲睡時，大聲拍一下手也許可以喚醒你。你感到焦慮時，大聲拍一下手可能會讓你嚇一跳。

　　試著做下面的練習。首先，找一個舒適的地方，也許是你最喜歡的扶手椅、泳池邊或躺在床上。放鬆並集中注意力。你這樣做時，注意你的五感。除了顯而易見的東西以外，當你安靜地坐在那裡時，你還能聽到什麼？遠處的鳥鳴嗎？風扇的嗡嗡聲？還是遠處火車的運轉聲？接著注意你能看到的東西。同樣地，不要關注你眼前的東西，而是關注你周圍的細節。注意天花板上脫落的油漆或窗台上的蜘蛛網。你注意這些東西時，把注意力放在當下。接著轉移到其他感官，你的手感覺到什麼？是你手掌下柔軟的材質，還是拇指指尖的粗糙皮膚？你的味覺與嗅覺又是如何呢？這個練習的目的，是要幫我們更熟悉自己的感官，迫使我們的思維停留在當下，同時更好地掌控情緒。熟悉這些感官後，我們來看如何把它們用於不同的目的。

　　　　「我第一次練習把注意力集中在感官時，心想
　　『這根本是嬉皮的鬼扯』。但事實上，這樣做確實
　　有效。我闔上眼時，開始聽到以前從未注意到的聲
　　音。我依序專注於每一種感官後，感覺更平靜了，
　　也覺得情緒變得更有意義。我真的相信感官可以幫
　　我們把情緒調節得更好！」

　　所有的感官都可以安撫或刺激我們。當我們焦慮或緊張時，平靜的感覺可能讓我們受益。然而，當我們過於放鬆或懶散時，我們可能會想要找一些刺激。拿捏恰當的平衡、了解自

己的偏好很重要。我們來看如何運用感官達到想要的情緒。

感官	安撫	刺激
嗅覺	香氛蠟燭	味道強烈的香水
味覺	溫潤好茶	冰檸檬水
視覺	看海	夜店燈光
聽覺	柔和音樂	警鈴
觸覺	撫摸或按摩	搔癢或拍打
口腔運動	嚼口香糖	酸棒棒糖
前庭平衡覺	晃動或搖擺	舞蹈或跑步

感官調節方面，關鍵是在太平靜與太刺激之間找到恰當的平衡。太平靜時，可能很難集中注意力，我們也許會覺得步調太拖沓（例如參加一場會議，現場室溫太低，講者講話又拖泥帶水）。然而，太刺激時，可能會感到心神不寧，緊張不安，無法集中注意力。例如，在海灘上一邊觀看鯨魚，一邊做開合跳，你可以想像那有多破壞興致。

💡 我怎麼知道我需要什麼？

回想你某一天可能出現的情緒狀態。注意它從「太平靜」到「太刺激」之間，是落在哪一點。如果是落在這個光譜的中間，那是最平衡的感覺。那個連續的平面如下所示：

需要刺激	平衡	需要平靜

　　也許你白天容易感到昏昏欲睡，或是有愛搗亂的傾向？找出三種典型的行為，把它們放在上面那個連續面上，想想它們適合放在哪裡。那些行為是不是太刺激了？還是太溫和了？對你來說，什麼是平衡的「中庸之道」？（上一頁表中列出的一些活動，或許可以幫你平衡那些行為。）

　　「我十四歲的兒子有很多問題。他在學校很焦慮，焦慮到無法在課堂上參與。但是在家裡，他又很吵鬧，很搗亂。我們找出那些行為，並把它們填入上面那個連續平面後，就能教他如何運用感官來平衡那些行為了。對他來說，有效的方法是，帶一瓶薄荷油到學校，每次感到焦慮加劇時，就聞薄荷油的味道。在家裡，我們先讓他在室外的彈跳床上跳二十分鐘，再進屋內。這些都是很容易付諸實踐的行動，而且成效卓著！」

💡 付諸行動

　　這一章，我們將討論如何打造一份「感官錦囊」，以便在遇到狀況時，馬上派上用場。這是因為，對多數人來說，手邊隨時準備好應急的東西，遇到問題時不必再尋找或思索是很有幫助的。也許你有一個半完成的縫紉作品或手工專案，你覺得壓力太大時，可以隨時拿來抒壓。或者，你可以準備一本書以便隨時敲讀，規劃一條散步的路線，或養一隻

你喜歡撫摸的貓咪。這個新對策的目的，是提供一種方便、簡單又愉悅的感官「絕招」。

想想以下的情境：

約翰的工作壓力很大，最近下班回家總是覺得很緊繃，而且自從完成一個大專案後，他的心情就一直處於擺爛消極的狀態。家人面對他時，開始有如履薄冰的感覺。他決定使用感官調節技巧，選定一套「回家例行儀式」來平靜自己。這包括在回家途中聽輕鬆的音樂（聽覺），與任何人交談之前先洗個熱水澡（觸覺），泡一杯薄荷茶（味覺），與妻子坐在門廊上一邊聊當天的見聞，一邊喝薄荷茶。

麗莎是全職媽媽，自從雙胞胎出生後，她就飽受失眠之苦。四年來斷斷續續的睡眠使她筋疲力竭，這種睡眠習慣導致她無法正常作息。她也決定嘗試一些感官調節技巧，每晚在枕頭上加點薰衣草香味（嗅覺），睡覺坐在搖椅上（前庭平衡覺）讀三十分鐘的書（視覺）。

莎拉醒來時情緒低落，感到絕望，找不到任何事情可以幫她振作起來。她在身上塗抹柑橘與薄荷味道的潤膚乳來啟動新的一天，那乳液總是給她一種「喚醒」的感覺（嗅覺和觸覺），接著她決定去跑步一個小時（前庭平衡覺）。跑步完後，她以更正面的態度展開一天的行程。

這三種情境有什麼共通點？

- 預先規劃的感官對策
- 簡單好用的選項

- 為自己量身打造，而且精準符合他們當下的需求。

使用感官調節技巧的關鍵，在於盡量保持簡單易行。沒有人想大費周章去尋找複雜的成分，或是在焦躁不安或昏昏欲睡下，還去尋找錯綜複雜的材料或開始做複雜又冗長的事情。

💡 我的感官對策清單

我們已經學到，很多感官可以安撫或刺激我們（每一種感官都可以達到這兩種效果）；也學到有效運用感官調節技巧的關鍵在於事先做好準備。我們來看如何為你準備一份感官對策清單。請注意，這些只是建議，這裡的目的是幫你量身打造一份對你有效的清單。

當寫下自己專屬的感官對策時（見下文），何不一起思考你可能需要這些對策的特定情境呢？我們可以把這些情境稱為「橘色」情況——亦即「近乎過度刺激」或「刺激不夠」的狀態。我說過，對多數人來說，預測他們可能感到情緒失調的情況，以便即時處理或事先預防，是很有幫助的。下面是一些例子，你可以隨意添加你的情況。

我的橘色情況
✓ 人群
✓ 嘈雜的環境

✓特定人物

✓討論財務問題

✓談論我個人健康的會議

✓某些紀念日

✓某些地方

✓駕駛

✐ _____

✐ _____

✐ _____

✐ _____

✐ _____

✐ _____

我的感官對策

感官	刺激對策	平靜對策
聽覺	・大聲的音樂 ・警報 ・群眾 ・敲打東西 ✐ _____	・輕柔的音樂 ・白噪音 ・噴泉 ・有節奏的敲打 ✐ _____
視覺	・明亮的顏色 ・霓虹燈 ・雜亂或忙碌的情境 ・電動玩具／手機上的遊戲 ✐ _____	・柔和的顏色 ・平和的情境或圖畫 ・水族館 ・熔岩燈 ✐ _____

感官	刺激對策	平靜對策
觸覺	・搔癢 ・冷水澡 ・指尖陀螺 ・深度按壓 ✎ _____	・背部按摩 ・重力毯 ・壓力球 ・緊身衣 ✎ _____
嗅覺	・強烈的氣味（薄荷、柑橘等） ・不愉快的氣味 ・特定的香水 ・與刺激記憶有關的氣味 ✎ _____	・香氛蠟燭 ・香氛沐浴球 ・枕頭上加入薰衣草的味道 ・童年記憶的味道 ✎ _____
味覺／口腔	・咀嚼硬餅乾 ・酸棒棒糖或酸飲 ・辣食 ・吹紙風車、口琴或氣球 ✎ _____	・吸棒棒糖 ・用吸管喝水 ・溫熱的茶 ・甜食 ✎ _____
動作／平衡	・有氧課 ・快舞 ・大幅擺動 ・踩腳／拍手 ✎ _____	・嚼口香糖 ・慢跑 ・瑜伽／皮拉提斯 ・慢舞 ✎ _____

💡 我的感官錦囊

　　我們的周遭充滿了各種「橘色」情況——一些可能「惹毛我們」的環境、情境或事件。在本章中，我請你找出這些情況，並找出恰當的對策來平靜或刺激你，幫你在經歷這些

「橘色」情況時拿捏平衡。不過，情緒越來越不穩時，收集或應用感官技巧也會變得越來越難。畢竟，誰有時間與精力翻遍房子、尋找令人放鬆或聞起來不錯的東西？

> 「我們決定全家一起來規劃一套感官錦囊，每個人都做一個。某天晚上，我們全家聚在一起，用我特地買來的素材來發揮創意。我的錦囊可能是最精緻的，但我告訴你，連我先生也做了一個錦囊，我看到他偶爾會偷偷把一顆酸糖果塞入嘴裡。我女兒也做了錦囊，但我不知道她們把錦囊擺在哪裡，但至少我們都知道一些觸發我們情緒的因素，知道如何利用感官來緩和情緒。」

這個單元，我們就來做一個感官錦囊，以便隨時派上用場。

錦囊的用途？

我們對「橘色」情況有許多不同的反應，有些情況令人沮喪與絕望，有些情況令人憤怒或陷入高度警戒。你的錦囊是什麼用途呢？你希望它只解決特定的問題呢（那你可能需要好幾個錦囊，比如一個刺激錦囊，一個平靜錦囊），還是想打造「全方位」的感官錦囊？

錦囊的類型？

　　有些人喜歡盒裝，我比較喜歡正式的盒子，有蓋子與說明。有些人喜歡沒那麼正式的模式，使用夾鏈袋或鉛筆盒，或乾脆把東西擺在抽屜裡。你也需要決定要不要以特定的風格來裝飾那個錦囊，例如走精緻風格、柔和風格、明亮風格、或陽春風格。

錦囊中應包含什麼？

　　一旦確定了錦囊的用途，就可以開始把那些透過感官幫你調節情緒的東西收入錦囊中。切記，有些東西有強大的刺激或平靜效果，所以挑選這些東西時，要記得你未來取用錦囊時，仍記得它們的作用。錦囊中的東西包括：

- ✓ 護手霜
- ✓ 壓力球
- ✓ 畫筆
- ✓ 詩集
- ✓ 數獨遊戲或拼圖遊戲
- ✓ 指尖陀螺
- ✓ 口香糖
- ✓ 音樂盒
- ✓ 迷你風扇
- ✓ 油
- ✓ 塑型泥土
- ✓ 酸棒棒糖
- ✓ 巧克力棒
- ✓ 放鬆的音樂
- ✓ 照片
- ✓ 石頭
- ✓ 有紀念價值的東西
- ✓ 豆袋
- ✓ 香水
- ✓ 儲米箱
- ✓ 氣球

💡 感官對策以外……

感官調節對策在管理危機、觸發因素、以及那些影響情緒調節的緊張時刻下，有很重要的效用。然而，思考感官調節以外的其他技巧與事實也很重要。根據辨證行為治療（dialectical behavioral therapy，DBT，一種治療情緒失調的著名療法），其他的重要因素也需要考慮，包括：

✓ 健康飲食
✓ 活躍的生活方式
✓ 充足的睡眠
✓ 治療任何身體疾病
✓ 避免藥物濫用
✓ 關愛自己與正面的日常活動（我們將在下一章更深入討論這些）

上面這幾項，你做得如何？例如，想像一下，一個需要照顧嬰兒的家長，他睡了四個小時，睡到中午還沒起來吃早餐。另一個家長睡眠充足，確保自己起床陪孩子吃早餐，並在下午安排了健身課（當然是把孩子托給朋友照顧或放在健身房的托兒所），你覺得第一個家長該怎麼因應生活？

根據 DBT，其他的情緒調節對策包括：

意象訓練

想像你自己在一個島上，天空是藍的，你只聽到海浪拍打岩石的聲音。不管你腦海想像什麼畫面，只要能讓你放鬆並產生正面的感覺就好。

深呼吸

這是顯而易見的方法。這個練習是要你發現任何觸發「橘色」情況的因素時，馬上深呼吸。感覺到胸膛輕輕地浮起與下沉。持續練習，直到你放鬆為止。

慢慢數

這是另一種放鬆練習，雖然它和這裡的其他練習一樣，可能不適合每個人。總之，心裡慢慢默數到十，深呼吸的時候也可以數。

微笑

發現自己感到緊張時，可以練習對著鏡子或別人微笑。這聽起來可能很蠢，卻有助於調節自己。這有點像身體在說服大腦「一切都會沒事的」。

分散注意力

當下你能做什麼來幫你掌控這一刻嗎？或許是數地板上的瓷磚，或注意聆聽收音機播放的歌曲，這可能有助於消除一些強烈的感覺。

正面的自我對話

我們對自己說的話，顯然會影響我們的感覺（切記第二章的內容）。你告訴自己越多正面、令人安心、溫暖或平靜的事實，陷入情緒失調的可能越小。

> 「以前我的情緒嚴重失調。二十幾歲時，我被診斷出邊緣性人格障礙（borderline personality disorder），治療了好幾年。但最終，當我獨自在家、沒有治療師在身邊時，那些情緒調節活動對我產生了很大的影響。只要你有心去做，它們真的有效。」

💡 摘要

本章討論日常生活中的情緒調節與感覺調節對策如何發揮作用。感官很強大，可以提高警覺度，也可以讓人變得平靜下來，通常可以讓我們覺得更有掌控感。身為治療師，我也在工作上看到，有時其他的方法（例如上面列出的那些）也很有幫助。如果有人對 DBT 特別感興趣，我非常建議你研究一下你家附近的 DBT 小組，或上網搜尋一些練習表。切記，健康的情緒調節始於健康的生活方式。致力追求吃得好、睡得好，並且好好地照顧自己。每個人的需求各不相同，但有一件事是肯定的，你和其他人一樣重要，所以你應該好好地善待身心，它們理當獲得尊重、關心與愛。

💡 任務練習

- 確保每晚睡足七小時。這可能看起來不重要，但我向你保證，這是情緒調節問題的一大部分。

- 幫自己準備好一整天需要的食物。無論你在家裡、學校或上班，健康的零食可以幫你好好地消耗能量。過多的食物或高脂食物都不好。確保你有許多的營養選擇。

- 練習正念（依循本章的練習：找一個舒適的地方，把注意力逐一放在每個感官上，直到你覺得當下感覺不錯）。

- 熟悉你的感官。練習運用感官，熟悉刺激或平靜之下每種感官的選擇。

- 為自己製作一份很酷的感官錦囊。快動手！我知道你想要一份！

- 練習第二章的正向心理學技巧。這些技巧在這一章也一樣重要。練習、練習、再練習！

- 記得深呼吸、微笑、讓自己分心等方法。除非你平靜時先練習過這些技巧，否則危機當下，你不可能記得。我保證這是真的有用。

- 本章最後，列出你選擇的感官對策（包括刺激對策與平靜對策），以及你的「橘色」觸發情境，這樣你就準備好了。

第四章

關愛自己

　　關愛自己是另一個我們常聽到的概念。它有點像自尊，概念上有點模糊，光是把這幾個字大聲說出來，幾乎就可以讓人感到內疚。家長可能明顯為此所苦，那涉及金錢、時間、以及對伴侶付出不夠或歡樂不夠多等自責。然而，現實中，每個人都需要休息，關愛自己，擁有獨處的時間。無論是休養生息、為自己安排的活動、或偷偷享用的點心，這種自我滋養對我們的韌性及因應生活的能力都很重要。

　　「關愛自己……那要犧牲什麼？家人嗎？工作嗎？」

　　「關愛自己……但錢從哪裡來？」

　　「關愛自己……即使生活中有那麼多的議題、問題、優先要務需要解決嗎？」

　　「我聽說關愛自己很重要，但要怎麼做？我光想到我有資格偶爾享受一下小小的平靜，就滿心愧疚。」

　　許多人在生活中承擔了許多責任，包括家庭、工作、金

錢等等。對很多人來說，尤其是母親，她們通常是孩子的主要照顧者，你要她們把好好洗個熱水澡看得比照三餐從洗碗機拿出碗盤還重要，可能很難。但我們在本章會討論，說到健康的人生觀，關愛自己其實跟正面思考及情緒調節一樣重要。坦白講，不關愛自己的話，就沒有平衡的情感健康。

💡 關愛自己有什麼好處？

不關愛自己會導致身心俱疲，也就是說，沒有好好地愛自己，會使我們疲憊不堪，無法承擔需要處理的工作。無論是家庭責任、壓力大的工作、還是重要決定，在缺乏足夠的個人時間下，我們都會變得難以運作與發揮。雖然「關愛自己」本身不會帶來大幅的健康改善，但確實可以觸發放鬆反應。放鬆反應就像一種荷爾蒙雞尾酒，可以提升免疫力，抒解壓力，協助情緒調節（如上一章的討論）。

除了上述因素以外，父母或照護者若不優先考慮自身需求時，更有可能陷入倦怠或過勞。當我們精疲力竭、憤憤不平或無精打采時，很難去關照別人。忽視個人需求的人往往也有自尊低落（第一章提過自尊有多重要！）和極度不快樂的現象。

關愛自己除了對身心有益以外，還有許多好處。首先，我想讓閱讀這本書的家長與照護者知道，關愛自己也是一種以身作則。例如，家母是我認識最善良的人，她總是鼓勵我和妹妹在為人母親的同時，也要多多照顧自己。但我從來沒

看過她把自己擺在第一位 —— 我沒看過她為了洗個熱水澡、好好吃頓飯或看電視而犧牲別人。簡言之，當我媽的身教顯示好媽媽從來不把自己擺在第一位時，我和妹妹該如何毫無愧疚地採取一些關愛自己的對策呢？

幸好，我很快就意識到，如果不關愛自己，我自己也沒做好榜樣，所以我很早就在生活中加入一些犒賞自己的活動。我的孩子還小時，家裡經濟仍不太好，我始終沒錢買任何奢侈品，但我在創造「獨處時間」方面很有創意。一天之中我最喜歡的時間是午餐時間。孩子睡午覺以後，我會衝到客廳，打開電視，舒服地坐在沙發上，大啖烤火腿三明治，正好趕上《菲爾博士》（*Dr. Phil*）、《裘蒂法官》（*Judge Judy*）等節目。當然，這種關愛自己的方法並不貴，甚至沒什麼營養，但這樣做可以幫我及時充電。我大可趁兩三歲的孩子不在家裡跑來跑去的時候，洗洗衣服或打理花園，但是做那些家事對我毫無助益。畢竟，即使是上班，也有強制的休息時間。

這裡我想強調的是，你的需求也很重要，即使只是休息三十分鐘，也對你的情緒與身體健康有很大的影響。總之，關愛自己在很多方面都對你有益，包括：

提升免疫力

很多研究顯示，關愛自己會啟動副交感神經系統。實務上，這表示洗個熱水澡或一邊看電視一邊享用烤三明治，就能增強免疫系統並讓它休息。冬天來臨，你比較少感冒的時

候，你會很慶幸你好好照顧自己了。

> 「我以前覺得關愛自己是一種自私的行為，只
> 有富人和自我中心的人才會那樣做。我以前認為關
> 愛自己是去做指甲或做頭髮，花大筆錢在一些垃圾
> 上。經過妥善治療後，我學到真正的關愛自己是免
> 費、簡單、平和的，是我們理當享有的，不是只有
> 富人和名人有資格享有！」

提高生產力

學習關愛自己，我們也學會了對事情說「不」。我們變得對重要的事情更有動力、更積極。每天稍微放慢腳步，往往可以讓一整天的步調更好，也讓我們更專注，工作效率更高。

提升自尊

自尊與關愛自己有什麼關係？兩者有關連嗎？有的！首先，你懂得犒賞自己之前，需要先發現你有資格那樣做。當你經常關愛自己時，大腦會發出「對，這是我應得的」的訊號。你會看到這對整體韌性與心理健康產生的助益。

抒解壓力

前面提過，壓力大會導致荷爾蒙嚴重失調，也會影響你因應事情的能力。抽離壓力有助於情緒調節（如果你需要被

提醒這有多重要，請回顧第二章），情緒調節得宜可以讓你
運作得更好，更積極地因應那些帶給你壓力的事情。

了解自己

　　想想你現在能為自己做的事情。你馬上就知道嗎？你需
要想一分鐘才知道你想做什麼嗎？簡言之，在人生的這個階
段，你對自己有多少了解？你知道你的熱情所在嗎？你的興
趣是什麼？你的需求是什麼？關愛自己可以激勵我們生活的
其他領域。你在喜歡的生活領域中發現了真正造就「你」的
東西時，就能在生活中達到更大的成就。

自省與獨處

　　每個人內外向的程度各不相同，有些人喜歡與人相處，
有些人覺得人際交流頗費心思。狹義來看，關愛自己是一種
社交「休息」，這對內向者來說很重要，他們通常很需要祥
和與平靜的空間。不過，廣義來看，關愛自己也是自省與自
我分析的機會。這種自省的機會跟上面那點有些關係，可以
帶來平靜、自我價值感、真正的自我欣賞。沒有這些，就不
可能有健康的心理。

💡 哪些領域需要關愛自己？

　　每個人關愛自己的方式各不相同。對有些人來說，關愛
自己是吃他們已經渴望一週的甜點。對另一些人來說，是點

著香氛蠟燭洗個熱水澡，或是不必照顧孩子的輕鬆夜晚。然而，關愛自己不限於此，不只是善待自己及偶爾把自己擺在第一位而已。它的目的是以正面又健康的方式尊重我們的身心，從各個領域提供滋養。例如，想想以下幾點，自問你如何以正確的方法照顧你的身心。

社交圈

你身邊都是適合你的人嗎？他們是鼓勵你、支持你的親友嗎？切記，關愛自己是指讓身邊環繞著正能量，當我們與那些為我們帶來價值、而不是破壞生活的人相處時，可以獲益更多。

營養

你採用哪種膳食法？那是均衡健康的膳食，還是在忙碌生活中隨便亂吃？營養很重要，你需要確保身體獲得足夠的營養。只喝黑咖啡配土司不是關愛自己！你要確保你吃的東西是你希望你愛的人也吃的東西。

藥物與酒精

你對藥物與酒精有什麼看法？我不是要告訴你這些東西對健康的危害（相信我，危害很大！），但我想提醒你，不要以藥物和酒精來取代關愛自己及面對壓力的方法。在這方面，要小心滋養自己的身體。

運動或活動

每天建議的運動量是三十分鐘。對不喜歡運動的人來說，這種形式的關愛可能有點棘手。但想想各種你可以納入日常生活的運動選項，也許你可以把車子停得遠一點，藉此增加步行量；能站著的時候，就不要坐著；下班後和孩子一起玩彈跳床。無論是哪種方式，你都應該考慮用這種苦樂參半的方式來滋養身體。如果你有任何遲疑，想想運動可以幫你保持體態。

睡眠充足

你是否達到建議的每晚七小時睡眠？沒有什麼比洗完熱水澡、依偎在蓬鬆的枕頭上更舒服的事了。如果你很難入睡，何不試試在枕套上滴一滴薰衣草精油呢？切記，睡眠不足對體重、大腦、身心壓力都不好，所以一定要把睡眠擺在第一位！

目標或個人成長

另一種形式的關愛自己，和設定目標的能力及個人成就有關。例如，對我來說，專業發展及參加會議或訓練，是一種關愛自己的重要方法。當我以專業人士的身分現身，而不是以母親的身分出現時，我可以和不同的自我產生共鳴。對其他人來說，那可能是指嗜好、藝術或語言，那也沒關係。只要確定你把目標和個人成長視為關愛自己的一部分就行了。

「每年耶誕節過後，我都會做一件事：為新的一年列出目標。我達成了多數目標，至於那些沒達到的，我會在接下來的那一年繼續努力。我從來沒想過設定目標也是一種關愛自己的方法，但它確實是。設定目標總是讓我覺得重新充滿活力。」

💡 如何開始？

如果你剛學到「關愛自己」這個概念，可能會想知道該如何開始。它乍看之下好像很難，而且就像前面說的，可能還顯得自私！

你的第一步是判斷你能否從關愛自己中受益。想想你的生活、壓力源、那些讓你繼續前進的正面事情。你確實值得獲得那個機會來反思你是誰、滋養你的身心嗎？答案是肯定的。沒錯，你值得！關愛自己不僅讓你自己受益，也讓你身邊的人受益。你會因此變得更堅韌、更強大，可以為工作、孩子、社群奉獻更多。

然而，啟動一種全新的例行程序可能需要付出很多。有些人甚至會走向另一個極端，以為關愛自己就是做我們一直想做的任何事情。當然，那不是我要你做的！底下是一些建議：

從小處著手

也許你可以從每天好整以暇地享受沐浴時光開始，或是

幫自己準備健康的午餐，而不是在饑腸轆轆時隨便吞下幾塊餅乾（我們都知道那些餅乾是為客戶準備的！），或者你也可以去散步。

寫下承諾

　　把事情寫下來卻不做的話，會覺得自己好像在撒謊。所以，寫下關愛自己的承諾，以及你打算做的事情，是一種很好的練習。前面說過，關愛自己最好的方式是免費的，而且很容易籌劃。

找個夥伴

　　對有些人來說，找個夥伴一起投入是不錯的建議。你可以邀朋友一起參加關愛自己的活動，或是請他幫你出主意，他的作用可能只是提醒你或鼓勵你堅持承諾。對很多人來說，最重要的是相信你值得善待自己。

尋求支持

　　有些人疏於關愛自己太久了，無論你是膳食失調、藥物濫用、睡眠不好、生活失衡或孤獨寂寥，必要時，請尋求協助。去看家庭醫師或治療師是不錯的起點。此外，社群團體、線上論壇、自我成長書也有幫助（無論如何，請看我的其他著作！☺）

其他點子……

- ✓ 蜷縮在溫暖的毯子下
- ✓ 洗個熱水澡或淋浴
- ✓ 聽音樂
- ✓ 在門廊或露台上休息
- ✓ 腳底按摩
- ✓ 使用芳療油
- ✓ 和寵物玩耍
- ✓ 寫日記
- ✓ 與哥兒們或姊妹淘出去玩
- ✓ 看最喜歡的電視節目
- ✓ 讀書
- ✓ 旅行
- ✓ 跟著最愛的曲子起舞
- ✓ 上瑜伽課、皮拉提斯或有氧課
- ✓ 小睡片刻
- ✓ 找朋友共進午餐
- ✓ 加入互助團體
- ✓ 花三十分鐘寫電郵或信件
- ✓ 烹飪一道新菜或烤你最喜歡的蛋糕
- ✓ 買一杯熱巧克力（或其他熱飲）

💡 摘要

在追求健康與培養韌性的過程中，關愛自己是最容易遭到忽視的部分之一。這點看似微不足道，卻是平衡生活的重要組成。缺乏自我關愛，個人會承受更多的壓力，感到更不舒服，更難以做到正面思考。關愛自己之所以如此複雜，是因為它歸根結柢與自我價值有關。畢竟，一個人不重視自己或認為自己不值得擁有關愛時，就不會在忙碌生活中落實這點。

在這一章中，我們討論缺乏自我關愛對身心健康的影

響。我們也提到，自我關愛看似大費周章，其實也可以是低成本、容易規劃的。每個人的生活步調各不相同，也處於不同的人生階段。以前我只負擔得起一邊看電視、一邊吃烤三明治的放鬆方式，雖然偶爾以更豐盛的東西來犒賞自己也不錯，但坦白講，我已經不再喜歡這種模式了。

　　我想以許多鼓勵的話來結束這一章。請騰出時間來思考一下你忙碌的生活方式，想想你要用哪種溫柔的關愛來呵護自己。因為，切記，如果你認為自己不值得獲得關愛，別人也不會為你著想。

💡 任務練習

- 在一張紙上寫一封信給自己。告訴自己，為什麼你很重要，為什麼你值得關愛自己。寫得越動人越好。

- 你用上面的清單激勵自己時，寫下你可能喜歡的關愛自我活動。切記，你需要真心喜歡那些活動。例如，你因為別人說你胖了而去健身房，那就不算。

- 寫下你每天從事的所有家務或活動，試著每天或每週騰出三十分鐘做別的事是否會產生很大的差異。答案很可能是沒有多大的差異。所以，你可以多想想生活平衡，少煩惱眼前的雜務。

- 去做體檢，不要害怕花時間，也不要害怕談一些男女特有的健康問題，尤其是我們容易迴避的問題。直接面對你的藥物濫用、膳食、失眠或運動問題。

- 如果你是家長或看護者，可以幫自己找一位免費的保姆 —— 也許是另一位同樣需要休息的家長。這樣做不僅可以培養新友誼，你也可以提議輪流照顧彼此的孩子。

- 還記得第三章製作的感官錦囊嗎？何不為關愛自我也做一套錦囊呢？為自己做一份關愛錦囊，裡面可以收藏幾根巧克力棒，或一些指甲油或精油。事實上，你的感官錦囊也可以用來關愛自己。

第 二 部

在人群中下功夫

第五章

溝通與協商

溝通可能是了解及運用強韌心態的最重要技巧。缺乏良好的溝通，很容易誤解別人，導致不必要的誤會。想像一下下面的情境。你收到朋友發來的簡訊：「今晚不必費心趕來了。」你會怎麼詮釋這句話？

「天啊！該不會是他們又做了那種噁心的沾醬？」

或者：

「要命！想必有人恨我入骨！」

溝通是一種發訊與收訊的結合，總是有各種不同的解讀，也會受到我們感受的方式、周遭的環境、過往人際關係的影響。如果你心情好、一天過得順利、腦筋也很清楚，你比較可能正面解讀那則簡訊。反之亦然，如果你心情不好、剛被顧客吼了一頓、昨晚與伴侶吵架，你可能覺得那則簡訊是衝著你來的。溝通技巧涉及正確的用字遣詞、語調、肢體語言，而且要有意願做出最好的結果，而不是自動做出最壞的假設。

「以前，我對很多事情都很在意，後來我學會
以更好的方式表達自己。我這樣做以後，周遭的人

似乎更明白我的意思，之後，我就很少發生爭執了。誰會料到溝通技巧竟然對我的整體韌性有那麼大的幫助呢？」

　　我們花點時間來把溝通拆解成語言資訊、語調、肢體語言吧。簡言之，溝通中的言語內容，是指人與人交流時實際使用的詞彙。表達想法的用字遣詞很重要。「你想要什麼？」聽起來和「我能為你效勞嗎？」不一樣，雖然嚴格來講是問同樣的問題。說到語調，想想你如何形容你現在講的話，諸如「衝動的」、「被動的」、「難過的」、「快樂的」、「熱情的」、「有趣的」、「威脅的」、「單調的」、「溫暖的／冷漠的」。如果有人以衝動的語氣說：「你挺行的嘛！」你會如何解讀那句話？你不太可能真的以為你很行吧。同樣地，如果同一人大聲或快速地說「這真是太棒了。」你會怎麼解讀？最後，如果他以溫暖、和緩的語調說：「幹得好，你應該感到自豪。」你有什麼感覺？可能比前面的其他說法好多了吧！

　　現在，想想你的肢體語言。你是否注意到，你說話時緊盯著朋友、同事或親戚看？手勢很多，而且還侵犯了他們的個人空間？當你微笑，給他們一點空間，或他們提問時你才看著他們，那會發生什麼呢？我敢打賭，結果一定不一樣。想一想你的肢體語言可能傳達出不同故事的例子，以及混雜的資訊如何造成人際關係的混淆。肢體語言與你的語調及用字遣詞一樣重要。

「我們開了一場視訊會議，坦白講，那場會議很無聊。一度，我抬起頭來，看到螢幕上的自己。無精打采地坐著，兩手抱著頭，手肘擱在桌上。我嚇了一跳，當下就清醒了！」

💡 以「我」作為主詞

想想這兩句話：

「你應該早點告訴我。」

相較於：

「我早點收到通知就好了。」

這兩句話意味著什麼？交談時，這兩句話帶給你和對方什麼感覺？第一種說法可能會讓對方覺得你在責怪他說不清楚，第二種說法則是暗示早點提醒比較好。簡言之，第一句話可能讓對方產生防禦心態，想要辯解；第二句話讓人比較願意體諒你的感受。然而，本質上，它們都暗示非常相似的東西。所以，學習使用「我」為主詞來溝通想法與感受很重要，因為那可以大幅改變別人對我們試圖表達的訊息所產生的反應。所謂的韌性，有一部分是指從逆境中恢復過來，但我們也應該提升避免陷入逆境的能力。

使用「正向關係溝通」（Positive Communication in Relationships，PCiR）© 模型

溝通的藝術在於一種非常簡單的方法。這個公式的組成包括：以「我」（I）作為主詞、請求（what）、請求的原因（why）、對方的回饋（feedback）。

我	請求	請求的原因	對方的回饋

實務上，聽起來像這樣：

> 「我真的希望在下週的策略會議之前，你能分析好這個商業案例。你覺得可以嗎？」

或者：

> 「我希望週日和媽媽一起去市場，就我們母女倆而已，你能接受嗎？」

展現堅定自信

首先，先講最要緊的重點：除非透過這個流程展現堅定的自信，否則無法成功地溝通。溝通與協商有三種主要的

「方式」：強勢法、被動法、自信法。不過，許多人都懂得混搭使用一種很有名的「擺爛」法。

強勢法

強勢的人常用令人不快、威脅性或尖銳的語調，並伴隨著類似的肢體語言。協商的時候，態度強勢的人通常早已打定主意，有自己的目的，缺乏彈性，而且堅信自己的需求比對方的需求更重要。在這種情況下，協商的結果往往是強勢的那方「獲勝」，另一方則是感到憤恨不平或失去力量。這通常不利於良好與健康的關係。

被動法

態度被動的人通常會以一種太隨和、缺乏深度與討論的方式，對朋友、親戚或同事「妥協」。他們常事後對自己感到失望，而且進一步使人際關係中的溝通越來越少。那是因為被動的人會開始覺得：「溝通有什麼意義呢？」或是因為對方很快意識到，被動的人對溝通沒多大的貢獻，所以對方也同時覺得：「溝通有什麼意義呢？」這可能使人對社交圈及自己都感到無助。

自信法

一般認為這種溝通方法最好，因為雙方是平等、自在地分享他們的觀點，也尊重彼此的需求、想法與感受。在自信的協商中，雙方都表現出對議題的興趣，考慮所有的選項，

也能夠說明為什麼他們同意或不同意那些選項。能夠自信地溝通與協商的人，更有可能對他們共同決定的結果感到滿意且堅持下去。這本身就大幅提升了韌性。

強勢法	被動法	自信法
霸道	失能	平衡
自己的需求優先	自己的需求墊底	雙方的需求都獲得考量
威嚇第三方	令第三方洩氣	培養健康的關係

> 「因為家裡的因素，我向老闆請了一週的事假。她否決時，我當下的想法是退縮，或乾脆請病假。後來我決定不打退堂鼓，改用艾茲蕊醫生教我的自信法，以「我」為主詞，採用 PCiR 模型，直到老闆終於答應讓我請事假，那感覺實在太棒了！」

無論是職場、還是家裡，難免都會出狀況。良好的溝通技巧可以讓最後的結果以及過程中我們處理心理、社交、情緒健康的方式截然不同。一旦你確定問題所在並同意討論問題，你可能想在見面協商之前單獨處理一些初步的想法，包括：

- 我希望看到什麼發生？
- 為什麼？相關性與重要性？
- 這個討論中，什麼是可商量的，什麼是沒有商量餘地的？

- 這個話題對對方來說是重要、困難、還是敏感的？
- 關於這個議題，我對對方的需求有什麼感覺？
- 為了讓協商對我有利，我準備做出哪些妥協或犧牲？

溝通時，有備而來很重要，但這些問題只是開始。我們來看如何以正面的方式啟動討論。

💡 啟動討論

開始討論時，你需要對「問題是什麼」以及「為什麼那是問題」有清楚的概念。重要的是使用「我」為主詞，一開始先關注客觀的資訊（不要從情緒、想法、感受開始，要從事實開始！）。

例如下面這樣：

> 「我們似乎對於『是否需要投資這項新的商業計畫』意見不一。這個投資有優點，也有缺點。我覺得最好把優缺點都討論一下，這樣我們可以針對下一步的方向達成共識。」

那樣講感覺很吸引人，沒有威脅感，而不是像底下這樣：

> 「一如既往，你又不認同常理，所以我們又得為此瞎扯兩小時，我要直接找經理談。」

一旦你們開始討論,身心都準備好了,並清楚闡述問題,雙方都需要分享各自的觀點。這包括恰當的措辭、恰當的語氣、恰當的肢體語言。分享觀點的基本作法是繞著概念來來回回地講,讓雙方以眼前的主題為核心來進行討論。客觀地提出問題,好好地傾聽,想像機會與結果都很重要。簡言之,討論是為了:

- 輪流發言:每個人都應該輪流談論問題以及問題對他的影響。這時應該用心傾聽,不要打岔。
- 腦力激盪:雙方都應該樂於提出潛在的解決方案,描述方案,並說明方案是如何挑選的以及為什麼會被選中。
- 回應:聆聽選項或解決方案的人應該做出回應,表達他們的想法、意見與考量。

有時候,即使溝通良好,依然難以達成共識:

> 「我花了幾個月練習自信的技巧,正當我覺得我終於掌握技巧時,我遇到這個傢伙。天啊⋯⋯他證明我根本還沒學會,有些人就是不講理。幸好,那時我已經培養不錯的韌性!」

💡 溝通訣竅

以我為主詞

　　我們不是已經談過這點了嗎？你應該說出你的感受，這個簡單的方法會影響第三方（無論是親近的人或陌生人）如何接收你的訊息。以「我」為主詞來表達觀點，並描述事實與原因，而不是使用主觀或責備的說法。記得使用 PCiR 模型，明顯地展現你尊重對方，別用太多情緒字眼。

開放式提問

　　注意你的提問方式。封閉式問題（回答「是」或「否」的問題）往往會限制討論的品質。例如，想像一下，老闆問你：「你想解決（這裡填問題）嗎？」你會怎麼回答？想／不想／你說呢？相較之下，開放式問題（以「什麼」／「為什麼」／「如何」／「哪裡」等疑問詞來詢問）通常有助於思考。同樣的例子，如果老闆問你：「你希望看到（這裡填問題）出現什麼情況？」你會怎麼回答？你可能以某種形式的描述或解釋來回答。明確的開放式問題會促進更多的思考，我鼓勵你在適當的時機使用這些問題。（免責聲明：沒錯，有時問封閉式問題比較貼切。我懂，我懂，這樣講令人混淆，我們稍後再回頭談這點。）

選擇戰場

　　每個人在各種人際關係中都會經歷多次爭論，你不可能

討好每個人,而且為了每件困擾你的事情去爭論也不健康。你應該從一堆事情中,篩除瑣事,只挑選值得爭論的事情。某種意義上來說,想像你能贏的戰爭有一定的數量,你寧可贏一場愚蠢的戰爭,還是更想把精力放在你真正重視的戰爭上?套句俗話,沒必要的話,就「別為小事操心」。

慎選時機

我們都碰過想找某人談話卻發現時機不對的經驗。例如,你想啟動嚴肅的討論,結果朋友剛好在講電話,老闆在吃午飯,或伴侶在玩他最愛的遊戲。比較好的討論時機是雙方都在休息、冷靜、吃飽、準備好講話的時候。

足夠的時間

你可能決定和老闆談一件非常重要的事,但與此同時,你也在等候某公司的執行長造訪。你肯定知道這樣做不對。如果你的時間有限,就不要啟動棘手的討論。三十分鐘或甚至一小時,都不足以討論你決定申請六個月的留職停薪假。你需要騰出足夠的時間來鋪陳、討論、歸納你的想法與感想,不要讓別的事情打斷討論。

位置很重要

你有沒有考慮過你與親友、夥伴或老闆討論重要事情的地點會產生什麼影響?洗手間、兒童遊戲間或火車上是談論重要議題的恰當場所嗎?你覺得哪裡比較安心自在?對方怎

麼想呢？在哪裡最有可能獲得足夠的恰當時間？對一些人來說，那可能是他們的辦公室、電話或公園。對另一些人來說，那可能是沿著海灘散步。只要對雙方來說是安心的地方，而且你可以保有隱私，又有充裕的時間表達你對某個議題的想法與感受，那就是恰當的地點。

用心傾聽

大腦先天不適合同時說話與聆聽，只能優先考慮其中一個。遺憾的是，很多來找我協助的患者把焦點放錯了地方。如果你忙著以聲音壓過對方，你就無法傾聽對方在說什麼。你上網搜尋「用心傾聽」時，會看到很多練習傾聽技巧的好資訊。好的傾聽技巧可以讓你展現出興趣，也向對方確認你聽到了。簡言之，這可能包括適時地以沉默回應；確定對方講完才回答；注意你的語氣、肢體語言和措辭。最重要的是，如果對方正在說話，你也在思考接下來要說什麼，那你顯然沒有在傾聽他說話。

💡 摘要

溝通技巧是培養堅強韌性的基礎。為什麼？因為欠缺溝通與協商的能力，很難維持穩健的人脈。少了社交關係，我們可能會感到孤立無援。本章強調使用「我」為主詞、PCiR模型、自信技巧的重要。如前所述，交流是用字遣詞、肢體語言、語調和口頭暗示的混合。此外，用心傾聽的能力及協

商的意願也很關鍵。所以，溝通既複雜又重要。也許從這裡開始，你可以觀察你的溝通方式，努力採用正面的肢體語言，積極考慮雙贏的協商方式，也了解即使努力嘗試，有時溝通依然很難。

💡 任務練習

- 問某人一天過得如何，用心傾聽，不要打斷他的話。練習提問，讓對方說完再回應，不要打岔，並表現出你很感興趣的肢體語言。最後，詢問對方對這次談話的感受。

- 運用 PCiR 模型請求對方幫忙。首先，先用你平常的方式提出請求。接著，改用 PCiR 模型提出請求。看兩者有什麼差異，並評估對方的反應。

- 在對方的許可下，錄下你與親友的十五分鐘對話。錄完後，仔細聆聽錄音，記下你的語氣、用詞、沉默的運用，或者你是否插話壓過他們。想想你可以改用什麼對話方式。

- 隨便選一個話題（不需要是爭議性的話題），練習問五個封閉式問題，然後再問五個開放式問題。接著，討論它們的差異，以及它們如何促進或阻礙對話。

- 選一個話題或開場白，練習以強勢法、被動法、自信法的語氣與肢體語言來表達。注意它們的差異。

第六章

壓力與焦慮管理

　　壓力與焦慮管理是培養韌性的另一項基本技巧。缺乏足夠的壓力管控時，很多方面都會受到影響，包括身體健康、心理健康、學習或工作績效、人際關係、整體成長。最常見的迷思是，大家以為人可以自然而然地「振作起來」。「別想太多」是我們常聽到的勸言。這裡插播一個新聞快訊！能說不想就不想的話，我們早就做了。

> 　　「我的焦慮就像病毒一樣，每天增長，直到生活毫無樂趣或平靜可言。家裡、職場，處處令我焦慮，我甚至不敢打擾朋友……許多方面都糟透了。」

💡 壓力 vs. 焦慮

　　表面上看來，壓力與焦慮非常相似。除非你是受過訓練的專業人士，否則很難看出兩者的差異。兩者都有常見的症狀，包括：

✓ 失眠

✓ 疲勞

✓ 過度擔心

✓ 無法集中精神

✓ 易怒

✓ 頭痛

✓ 肌肉緊繃

✓ 心跳加快

　　更仔細探索，壓力是指身體對觸發因素的反應，通常是短期的體驗（身體被觸發就有壓力）。觸發因素可能是正面的、也可能是負面的。例如，你在工作或課業上即將展現專案成果時，可能會出現腎上腺素狂飆的現象。你可能會感到緊張，但同時集中精神、充滿動力，努力在期限前完成任務。有時觸發因素是負面的，可能導致失眠、無法集中精神、明顯缺乏結果。例如，工作量超出負荷，但你什麼也沒做，毫無進度。這種情況下，壓力不會帶來額外的動力或能量。只要移除工作，壓力就會消失。

　　整體來說，壓力不是臨床疾病，不需要「適當的」治療。它需要的是恰當的放鬆對策。一些例子包括：

● 深呼吸：深深吸一口氣的同時，從一數到十；接著，吐氣時又從十數到一。有些人覺得這樣做很有幫助。

● 感官活動或正念：這時很適合啟用感官錦囊。運用你

的感官，練習沉浸在當下，同時釋放身心壓力。

- 運動：上一章討論了運動的好處，第九章會更深入探討。現在只要知道運動可以釋放腦內啡（一種與大腦受體相互作用的化學物質，可減少我們對疼痛的感知，並在體內觸發一種正面的感覺），那有助於壓力管理。

- 寫日記：書寫有療癒效果，可以把想法宣洩出來，並恰當地收留在某處。

- 藝術或休閒活動：現在有很多發揮創意的途徑，從療癒性的著色塗鴉到舞蹈、雕塑、攝影等等，找一個你喜歡的！

　　長期的壓力對身體不好，會導致腎上腺疲勞、高血壓、免疫力下降、一系列的身心失調。有些人可以用這裡提到的一些對策來管控壓力，但有些人沒辦法，他們的症狀會發展成更廣泛的焦慮。

　　廣泛性焦慮症（generalized anxiety）的定義是：至少連續六個月，一週過度擔心的天數多於沒發作的天數。這種感覺非常強烈，而且相較於壓力事件本身，反應幾乎是不成比例的大。除了上述症狀以外，還包括以下症狀：

✓ 難以控制焦慮

✓ 不安

✓ 筋疲力竭

✓ 注意力不集中

✓ 身體疼痛

✓ 高度警戒

✓ 心身（Psychosomatic）症狀，例如頭痛、腹痛、頭暈等

✓ 喘不過氣來或胸痛

✓ 過度出汗

✓ 一個或多個機能痛苦或受損

遺憾的是，焦慮是二十一世紀最常見的精神障礙，約25%的人在人生的某個階段被診斷出罹患焦慮症。這個數字是包含各種類型的焦慮，例如社交焦慮、創傷後壓力症候群（PTSD）、強迫症（OCD）。這裡給大家一點參考脈絡，這個數字與憂鬱症的統計數據差不多，但比躁鬱症或思覺失調症（舊譯精神分裂症）多十倍，比藥物濫用失調多三至四倍，占全球所有心理失調統計資料的 25% 左右。坦白講，那比例非常大。

焦慮的治療與我們提議的憂鬱療法略有不同，但我們還是非常建議你也練習前面列出的方法。放鬆對策對每個人都很好，如果你沒試過散步，就先嘗試臨床選項，事後才發現長距離漫步就能抒解焦慮，那實在很可惜。除了上述的方法以外，焦慮的療法還包括：

• 心理療法，尤其是 CBT（第二章提過一些關於電子

健康方案的建議，但上網搜尋也可以找到更多），是
治療焦慮失調的首選。你可以請親友推薦治療師，或
請家庭醫師提供在地的建議。我自己身為治療師，立
場比較不公允。我認為所有療法都很有效，甚至傳統
的「對話療法」也有效 —— 那絕對比不接受治療及默
默忍受有益。

- 改變生活方式也有幫助。例如，你可能發現早起帶給
  你很大的焦慮，或某項工作讓你完全失控。你可以找
  出哪種生活方式可能是導致你焦慮的原因，而且很容
  易改變嗎？何不試試第四章討論的關愛自己呢？從睡
  眠、營養、攝取咖啡因、運動等等檢視。

- 藥物治療通常是最後一招，但效果很好。不過，請注
  意，抗焦慮藥可能會上癮，最好把焦點放在對大腦有
  效的長期治療上。與家庭醫師談談你的症狀及潛在的
  副作用。

「我們全家都很容易緊張，我們都是這樣長大
的。後來，醫生診斷我罹患焦慮症，並開藥給我
服用。我說：『啊？那難道不是壓力稍微大了點
嗎？』他笑著問我，今年我已請了多少病假？我不
需要回答，他揚起的眉毛就已經透露了答案。」

💡 為什麼現在我們更焦慮了？

很多研究顯示，焦慮的統計數據正以相當快的速度成長，但問題是，為什麼會這樣？

首先，由於焦慮通常與不合理、非理性的恐懼有關，客觀事實（諸如財務、生活方式、地理位置）與焦慮的成長率之間，關連有限。此外，一些國家（例如發生戰爭的國家）的人民壓力水準本來就高，那些不算是臨床焦慮。這導致測量全球人民的臨床焦慮水準變得有點棘手。

然而，過去幾百年來，社會經歷了明顯的改變。在古代，我們對生存有強烈的需求——我們會去覓食、找水、逃離不斷追殺我們的敵人。怪的是，如今少了這些求生需求，我們並未鬆懈下來，而是把焦點轉向內心，我們開始關注自己、情感、外在欲望（比如房子、汽車、新手機）。

坦白講，我第一次讀到這些資訊時，覺得很不是滋味。這意味著什麼？這表示我們不再重視內在渴望了嗎（例如社交聯繫、耶誕節的真正意義）？但顯然，目前的研究結果似乎呼應了這點。簡言之，我們變得更焦慮，是因為我們有更多的時間專注在五百年前不太重要的事情上。我們來看研究怎麼解釋為什麼焦慮日益成長。

獨居或小群體生活

很久以前，家庭是四代同堂。我們的支援網絡很大，雖然有時這可能讓人覺得很煩，但那時不會有現在的孤獨感。

如今似乎有 30% 的人獨居，我們看到憂鬱症的比例越來越高。不過，請注意，這項研究仍處於早期階段，但還是很有趣。

社群媒體

這是個可怕的問題。更多的研究把社群媒體與心理問題連在一起。研究證實自尊與焦慮／憂鬱之間有緊密的連結（我的著作《伴侶的真正人生指南》〔*The REAL Guide to Life as a Couple*〕裡有一整章談這點）。老實說，幾年前我刪除了我的社群媒體個人帳號。我覺得在網上看到大家面臨的問題或虛假的快樂生活，實在很辛苦。我建議你試試一週不用社群媒體，看你是否感覺不同。但別忘了，社群媒體上也有許多支持團體與自助選項，所以社群媒體也有正向的一面。

生活成本

以前，父母或伴侶中只要一方工作養家即可，另一方可以專注在孩子與家務上，但現在這對許多家庭來說已經不切實際了。生活成本是一大負擔。債務增加、財務有限、利率上升、物價上漲等等，使大家像無頭蒼蠅一樣忙碌。

空氣中的化學物質

二〇一三年，加州大學的一篇文獻指出，環境中的汙染與化學物質會影響產前發育。那可能影響我們的基因組成及

心理失調的發病率。不過，在得出合理的結論之前，這方面
仍需要更多的研究。

> 「我的焦慮與壓力會轉化為憤怒。我知道什麼
> 時候我沒管好焦慮，因為有時一點小事就會惹毛
> 我，導致我對家人或同事發飆。」

💡 如何評級？

現在想想你的壓力與焦慮狀況，把你的症狀分成以下幾
類：

✓身體的

✓情感的

✓精神的

✓社交的（家庭生活、工作、朋友、家庭）

你多久發作一次？症狀多強烈？根據下面的表格，你會
把它歸類為焦慮或壓力嗎？（切記，壓力不會持久存在，但
焦慮會。）或許現在是把症狀寫下來，或找一位值得信賴的
朋友談談這些症狀的時候了。

症狀	強度 1-10	頻率 1-10	焦慮或壓力
一般疼痛			
疲累			
恐懼			
胃部不適			
出汗			
胸痛			
沒胃口			
失眠			
噩夢			
恐慌			
注意力無法集中			
憤怒或易怒			
機能問題			
口乾			
無法社交			
其他：_____			

你對你的結果感到訝異嗎？現在想想下面的連續面。你如何評估生活中的壓力或焦慮程度？

根據這兩個活動，選擇最符合你的句子：

- 我覺得我的壓力或焦慮是可以控制的，不會影響我的健康或幸福（或朋友、家人的健康或幸福）。
- 我覺得我的壓力或焦慮需要注意。雖然我的運作還很正常，但我的生活品質（或其他人的生活品質）有待改善。
- 我覺得我的壓力或焦慮已經失控了。不盡快處理的話，我將無法駕馭日常機能（或者我已經無法駕馭了）。

如果你在上面那個連續面上的總分很高（嚴重影響），現在可能是認真考慮前述那些對策的時候了。如果你的總分還不高，那很好，但一定要堅持下去！

💡 找出感覺

　　許多人覺得他們的焦慮找不到具體的來源，或有點模糊不清。他們可能知道購物帶給他們壓力，但無法精確指出為什麼會這樣或是如何造成的。底下是我治療患者時採用的一種練習，你可能也會喜歡。下頁圖有四格，標題不言而喻。在這個練習中，把心思放在你胃部的感覺上。閉上眼睛去感受它，讓它在裡面旋轉，直到你熟悉它為止。

　　使用一張 A4 紙和一盒彩色筆，想想第一格「顏色」。你準備好時，從彩色筆中挑一個代表你感覺的顏色，把那一格塗滿。你這樣做以後，移到下一格「形狀」，想想讓你產生感覺的形狀，那可能是方形或無限大的符號，或你想到的任何東西。接著，移到第三格「圖畫」，以彩色筆畫一個圖來代表你的感覺。在這裡，你應該對你的胃部與腦中正在發生的事情開始產生比較具體的想法。最後一格「名字」，是叫你為那個讓你心煩意亂的事情命名，那可能是「工作」、「懷孕」、「金錢」或「復活節晚餐」。這個練習做得正確時，可以幫你找出讓你心煩或苦惱的原因。希望你知道原因後，可以用更好的方式處理它。

顏色	形狀
圖畫	名字

💡 還有什麼困擾著我？

第四章談到，注意身上發生什麼事情會導致我們覺得壓力大或情緒失調。原因在於許多因素可能影響我們的情緒健康，包括（但不限於）：

✓ 睡眠不足

✓ 饑餓

✓ 關係緊張

✓ 疾病或疼痛

✓ 財務問題

✓ 工作問題或學習問題

✓ 文化和政治氣氛

✓ 壞消息

✓ 各種創傷事件

✓ 噪音或人群

✓ 熱或冷

✓ 負面思考

現在你可能很納悶，列出這些因素的目的是什麼。很簡單！如果你發現每天早上十點左右，也就是你覺得餓的時候，會感到一陣焦慮。那麼，在焦慮來襲之前，吃點零食可能有效。同樣的，如果你發現每到下午六點，你一打開電視新聞就覺得壓力大增，你可能需要考慮其他的活動。所以，關於壓力或焦慮反應，了解潛在的觸發因素可以幫你解決那些影響韌性的內外部因素。當你感到壓力大或焦慮時，可以填寫下一頁的表格，幫你了解觸發壓力或焦慮的潛在因素。

我壓力好大……我的問題是什麼？

我的身體有什麼反應？

（我是不是餓了、累了、病了？）

我周遭發生什麼事？

（是不是很吵、擁擠、很熱？）

我有什麼心事嗎？

日期：

事件：

想法：

許多因素會影響我們對壓力的反應，了解這些因素可以幫我們控制它們！

💡 焦慮管理計畫

　　這一章討論管理壓力與焦慮的對策，把它們一起收在一個焦慮管理計畫中可能很實用。然而，切記，對一個人有效的方法，不見得對另一人有效，所以根據自己的需要調整活動與干預措施很重要。總之，可以納入計畫的項目包括：

- ✓ 放鬆對策
- ✓ 體檢
- ✓ 良好的營養、睡眠、活動量
- ✓ 正面思考
- ✓ 社交支持與互助團體
- ✓ 關愛自己
- ✓ 諮詢
- ✓ 藥物
- ✓ 處理內部和外部因素
- ✓ 藝術、工藝、音樂、閱讀和其他嗜好
- ✓ 電子健康方案

　　我們來看一個焦慮管理計畫的例子（不包括藥物及醫學專業人士所要求的其他建議），你可以根據自己的需求來落實這個例子。

雖然這個計畫很基本，只能用來說明現況，但它確實顯示目前為止我們討論過的多種對策。現在是開始運用這些對策的時候了，所以今天我想請你先思考一下你的焦慮程度，焦慮在你的日常生活中已經變成一項擔憂了嗎？另外，也想想你的焦慮管理計畫是什麼樣子。想好之後，就好好利用它，放手去做！

💡 摘要

焦慮與壓力是二十一世紀人類面臨的最大問題之一。每四個人中，就有一人在一生的某個時間點罹患焦慮症。目前看來，這個趨勢似乎只會增加。所謂的韌性，有部分是指管理焦慮與壓力的能力，以及在家中、職場、其他環境中良好

運轉的能力。誠如前述，多數人都會經歷壓力或焦慮的狀況，但只要有正確的心態，獲得支援又有意願去運用對策，壓力與焦慮都可以妥善管理。在本章中，我們討論了一些管理焦慮的對策。我要求你客觀地觀察自己的壓力反應，並誠實地評估這些反應如何影響你的生活。現在你知道了以後，你打算怎麼做？

🔦 任務練習

- 還記得第二章的 ABC 模型嗎？現在是練習 ABC 模型的好時機。正面的自我對話可以質疑消極與扭曲的想法，並把它們轉換成有益又有建設性的想法。每次陷入焦慮的深淵時，一定要做這個練習。

- 列出你的症狀。以 1 到 10 分來說，你覺得你對這些症狀的駕馭力是多少？你可以靠放鬆對策來因應這些症狀嗎？還是你需要尋求更明確的支援？

- 考慮本章提到的放鬆對策，然後再加上你自己的三種對策。至少每種對策都嘗試一次，如果你對每一種對策的效果都不滿意，就再多列三個。

- 在 YouTube 或類似的網站上搜尋「意象訓練」（visualization）練習。找一些可以放鬆的錄音（強烈推薦 Michael Sealey），並經常聆聽。

- 參加身體活動。無論是上瑜伽課，還是跟朋友一起散步，規劃一套幫你釋放腦內啡的慣例。

- 尋找在地的社交團體。那個團體不見得要和焦慮有關，也可以和親子教養、繪畫、四輪傳動、或說西班牙語有關。與人保持良好的聯繫可以在多方面幫助我們。
- 找個夥伴來支持與鼓勵你完成壓力大的任務。也許他可以陪你去參加社交活動，或是在你熟悉道路駕駛的過程中當你的乘客。有朋友在身邊，就不會覺得那麼可怕了。
- 定期健康檢查，細心呵護你的身心健康。
- 規劃並清楚列出你的焦慮管理計畫，然後付諸實踐！

第七章

憤怒意識

我撰寫這本書時，想過需不需要寫一章談憤怒管理。其實，不管我們願不願意承認，多數人在職場、家裡、社交圈都必須面對憤怒管理。有時，即使周遭沒有人，我們也會感到憤怒，怒火就是那麼自然產生的東西！

「我記得去看漫威電影《綠巨人浩克》（The Hulk）時，聽到有人說生氣是他的超能力。我想，多年來我也擁有同樣的超能力。當我發現那不是什麼好事時，我很震驚！」

然而，「感到憤怒」與「管理不當的怒火」有很大的區別。一種是意料之中的正常情緒，另一種則暗示著與憤怒有關的行為，而且通常是負面的行為。所以，本章不是要教你如何控制脾氣，也不是要傳授憤怒管理課程，而是要教你如何意識到自己的憤怒，意識到憤怒在掌控中或何時需要用心處理，並提供一些簡單的對策。重要的是，本章稍後我會回頭談憤怒管理。如果你覺得你有憤怒管理的問題，或你的（或某人的）憤怒使你或他人陷入危險，請尋求協助。憤怒

是人之常情，但是在過程中傷害別人就不正常了。

💡 什麼是憤怒？

憤怒是對觸發因素的自然反應。每個人偶爾都會感到憤怒，那是穴居時代幫人類生存下來的一種基本情緒。它使人類持續奮戰及生存下來，所以以前的人覺得那是正面的情緒。如今，憤怒主要是跟犯錯及不良行為有關。

生理症狀可能引發輕微的怒意（回顧上一章的觀察內部與外部因素）。壓力大、疲累或心煩意亂，會使我們更容易動怒。除此之外，考慮到馬斯洛（Maslow）的「需求層次」時（見下圖），我們可以看到很多不同的需求，從基本

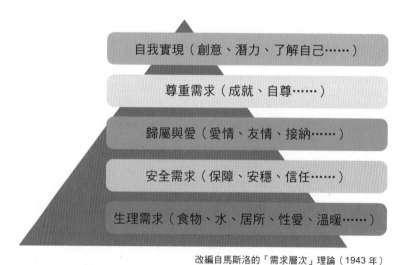

自我實現（創意、潛力、了解自己……）

尊重需求（成就、自尊……）

歸屬與愛（愛情、友情、接納……）

安全需求（保障、安穩、信任……）

生理需求（食物、水、居所、性愛、溫暖……）

改編自馬斯洛的「需求層次」理論（1943 年）

需求到自我實現（實現一個人的全部潛能）。為了達到最高層次的需求，需要先滿足基本需求。簡言之，如果一個人無家可歸、常被伴侶虐待、每天餓肚子，當然他的人生很難創造出什麼成就。有了這點認知後，我們知道，當基本需求得不到滿足，或難以爬上需求層級的頂端時，我們會感到憤怒，那是內心表達不滿的方式。

挫折不是唯一讓人生氣的事。批評、威脅、意見分歧，甚至不理性的信念，都可以激怒我們內心的惡魔。此外，恐懼、孤獨或誤解等次要的情緒也可能激怒我們。

不過，憤怒不只是以情緒的形式展現。在短時間內，它可能引發一系列身體、情緒、社交症狀，例如：

- ✓ 血壓升高
- ✓ 腎上腺素狂飆
- ✓ 心跳加快
- ✓ 出汗
- ✓ 咬緊牙關、握拳等
- ✓ 行為變化（從退縮到失控）
- ✓ 情緒爆發
- ✓ 溝通延遲

這些症狀在短時間內是可以控制的。然而，我們經常生氣時，會把大量的荷爾蒙釋入血液中，包括腎上腺素與皮質醇——那是我們在「戰或逃」的反射中釋放的荷爾蒙。這些

荷爾蒙先天是為了帶給我們即時的能量、力量、注意力。某種意義上來說，它們是為了給我們需要的動力，以對抗眼前的任何挑戰。理論上，這是很好的機制，但人體先天的設計不是為了長期經常性地因應這些荷爾蒙。你搜尋「腎上腺疲勞」這個詞，會發現那是一種令人不快的狀態，是指持續的壓力對身心造成的負面影響。除了上述症狀以外，長期經常性承受壓力及陷入憤怒，也會出現以下症狀：

✓ 中風和心臟病發的風險
✓ 失眠
✓ 消化問題
✓ 起疹子
✓ 免疫力降低
✓ 心理問題（包括憂鬱、焦慮、飲食失調等等）
✓ 物質濫用（酒精或藥物）
✓ 抽菸量增加
✓ 意外或非意外的傷害

這清楚地告訴我們，長期的憤怒若不加管控，可能導致健康問題，衍生嚴重的後果。

> 「我爸的自尊心很強，非常老派。他對周遭的人都有很高的期望，但也因此，每次出問題時，他就大吼大叫，大發雷霆，總是睡不好。後來，他中

風了。醫生要他改變行為，不然只好等死，他才終
於醒悟。」

💡 如何處理這種情緒？

以前我教孩子培養韌性時，憤怒管理是他們最愛的課
程。他們得知生氣不是壞事時，內心的平靜與解脫感令他們
振奮不已。一般談到憤怒時，我們常聽到「我們不該生氣」、
「我們該控制怒火」、「憤怒於事無補」。但我現在告訴
你，這些都不是真的──憤怒是一種正常的情緒。每個人都
會生氣，也都有憤怒的權利，沒有情緒是不好的！然而（沒
錯，總是有個但書），我們如何處理這種情緒非常重要。生
氣很正常，但是用球棒砸前男友／前女友的車並不正常！

我們來玩一個遊戲，思考一下情緒和我們對情緒的反應
有什麼差異。看下面的測試並作答，等作答完畢後才看答
案。如果你願意的話，可以找一位信任的朋友一起來做這個
測試，並分享你們的答案。你感到訝異嗎？為什麼？

對錯測驗

	憤怒是……	對	錯	有時對
1	憤怒是不好的。沒有憤怒，我們過得更好。			
2	你可以對你愛的人生氣。			

	憤怒是……	對	錯	有時對
3	你生氣時，無法控制情緒。			
4	生氣是別人的錯。			
5	我生氣時，可以對某人做任何可怕的事情，只要我不傷害他的身體就好。			
6	憤怒最好藏起來，不要發洩出來。			
7	生氣時，腦子無法清醒地思考。			
8	沒有人能幫我們處理憤怒。			
9	女性不像男性那麼常生氣。			
10	憤怒的人要為自己的行為負責。			
11	你生氣時，一切都在你的掌控中，你是有力量的。			
12	老是生氣會讓你陷入焦慮或沮喪。			

答案

1. **憤怒是不好的嗎？** 憤怒沒有好壞之分。那是一種情緒，是中性的。我們處理那種情緒的方式才有好壞之分（例如，同事用了你的湯匙，你可以生氣，但是你因此辱罵他或對他無禮，可能會招惹麻煩！）

2. **你可以對你愛的人生氣嗎？** 當然可以！你和某人越親近，就越有可能對他發火。這沒有關係。良好的溝通技巧與尊重有助於解決問題與誤解。

3. **你生氣時能控制情緒嗎？**這是爭議題。研究告訴我們，生氣的最初十三秒，大腦可能無法掌控憤怒，但那之後，我們絕對可以掌控憤怒。因此，在法庭上把你的失控歸咎於大腦是行不通的，也是不應該的，因為經過最初幾秒後（這段時間，運用對策是你的責任），你就完全掌控局面了。

4. **生氣是別人的錯嗎？**不是，有人可能激怒我們，可能對我們不公平，但我們之所以生氣，是我們看待這種情況的方式所造成的。我們還是可以選擇離開，告訴上司、朋友或夥伴，或做點什麼讓自己冷靜下來。

5. **我生氣時，可以對別人做可怕的事情，只要不打他就好了嗎？**不行！！你不能因為生氣就對人說可怕的話。恐嚇、冒犯、辱罵都不是表達憤怒的恰當方法，那樣做會對對方造成長期的傷害。

6. **隱藏憤怒比發洩好嗎？**把憤怒藏起來，不以健康的方式表達出來，也會帶給你壓力與焦慮。學習以建設性的方式表達各種情緒很重要。

7. **生氣時能清醒地思考嗎？**憤怒會導致我們使用大腦的自動運作功能，而不是理性地處理想法。學會在反應之前先「思考」，可以幫我們以建設性的方式來因應憤怒與沮喪。

8. **別人能幫我處理憤怒嗎？**當然可以。雖然這本書不是談如何管理積累已久的憤怒，但它可以作為討論的開端。如果你覺得你無法掌控憤怒，我會鼓勵你尋求協助（透

過互助小組、治療師或家庭醫師）。

9. **女性與男性一樣容易生氣嗎？**當然。不過，有一些刻板印象暗示，男性生氣是可以接受的，那幾乎成了一種正當化的行為準則，但是女性生氣依然是「不淑女」的。請放心，這根本是胡扯。憤怒的特徵取決於個性與性情，不分男女都可以生氣，就像無理取鬧不分男女都是錯的。

10. **憤怒的人應該對自己的行為負責嗎？**那當然！！生氣時，我們都要對自己的行為負責，沒有藉口。

11. **生氣時，我有力量嗎？**沒有，你想騙誰呢？讓怒氣掌控自己的人，會失去力量與自制力。在失控下，怎麼可能還有力量呢？

12. **經常生氣會陷入憂鬱嗎？**長時間的憤怒會使腦中的化學物質失控。憤怒問題與焦慮及憂鬱有關，所以我們更需要學習管理憤怒意識。

💡 該怎麼做？

前面提過，憤怒會導致有害身體的生理症狀，接著我們看了一些有關憤怒的迷思。如果你和信任的人一起做了測試，你已經和他討論過你對這些問題的想法了。現在，我們來談一些處理憤怒反應的對策。

> 「妻子對我提起之前，我從來沒注意到這點。

但我們吵架，或者說是我在家裡暴躁易怒的情緒，
與我喝能量飲料的日子正好相同。我非常愛喝能量
飲料，但我的身體不值得為它們產生那種反應，這
件事令我大開眼界。」

溝通

必要的話，可以回頭複習溝通那一章（第五章），但
一定要練習那章提到的簡單對策，例如以「我」為主詞、
PCiR 模型，與他人討論棘手話題時的基本禮貌。

觸發因素

注意什麼東西觸發你的不滿。每次都是一樣的東西惹毛
你嗎？還是每次都不一樣？例如，如果你發現宗教、墮胎、
政治、種族、小丑等議題令你激動起來，那以後盡量避免這
些話題。這些話題沒什麼不對，但如果你無法心平氣和地公
開談論這些話題，那對你或其他人來說都沒什麼幫助。

放鬆或感官對策

我們已經以好幾章的篇幅討論過這些了，所以這裡不再
重複。不過，運用放鬆與感官錦囊可以幫你管理憤怒。不要
等到你已經生氣了才做！

數到十

前面提過，大腦可能需要十三秒的時間來掌控局面，所

以當你開始感覺怒火醞釀時，就慢慢數到十，那可以幫你爭取一些緩衝的時間。而且，數到十的時候，你知道你已經掌控局面了，所以不要找藉口。

休息片刻

要求暫停、休息片刻，可能給人脆弱、失控或過於敏感的感覺，但事實上，要求休息並沒有錯。當你感到緊張、腎上腺素狂飆時，可以禮貌地問對方，能不能讓你先去倒杯水或稍後再繼續談。即使雙方突然終止討論（最糟的情境），那也比最後互相大吼大叫好。

身體活動

對許多人來說，壓抑身體緊繃感可能轉化為暴躁易怒、容易受挫、無故發飆。何不在日常活動中加入跑步，或是在已知可能發生衝突的會議之前，先打一場拳擊呢？

做體檢

荷爾蒙、經前症候群（PMS）、甲狀腺問題、糖尿病、各種失調都可能導致暴躁易怒及失控發飆。在你妄下結論之前，先找家庭醫師談談，排除任何身體上的問題。

興奮劑

這顯然會影響你的包容度、耐心與反應。無論是咖啡因，能量飲料、藥物等等，注意你服用的東西，以及它對大

腦化學反應的影響。在最好的情況下，要掌控沮喪與憤怒等情緒已經夠難了，如果又受到興奮劑的影響，掌控情緒會變得更加困難。

正面思考

這是第二章討論的另一個主題。正向心理學、正面思考、正面觀點可以幫你質疑任何負面想法。感到憤怒時，就質疑你的負面想法。自問那個人是故意嗆你、還是只是抱持不同的觀點。不要不好意思安撫自己。告訴自己「我可以辦到」、「沒問題的」、「一切都在掌控中」也有幫助。

運用幽默

坦白講，笑的時候，就很難繼續生氣下去。你可以用幽默來化解憤怒的局面。無論你只是放鬆心情，或是以好笑的事情來分散注意力，運用幽默都是很強大的力量。而且，有品味的幽默，也可以跟對方分享！

尋求協助

如果你的憤怒情緒令你感到擔心或波及親友，請尋求協助。此外，如果伴侶的憤怒威脅到你、你的健康或家人的幸福，也要尋求協助。上網搜尋可以輕易找到在地的支援服務。

⚫ 摘要

　　憤怒有如一把情緒的雙刃劍。一方面，那是一種正常的情緒，人皆有之。但另一方面，它蒙上了一層負面的色彩，處理不當時，會引起很多麻煩。這一章強調憤怒不該隱藏或壓抑，也強調我們需要學習良好的溝通技巧，與人辯論棘手話題時應維持尊重與禮貌。這一章複習了一些對策。放鬆、正面思考、感官調節、溝通都不是新招，但是對憤怒管理都很有幫助。另外，本章也介紹了休息片刻、藥物意識、運用幽默等新概念。再次強調，這一章不是為了「治療」有憤怒管理問題的人，而是為了促進大家的憤怒意識，並在需要時尋求協助。

⚫ 任務練習

- 想一個讓你生氣的話題或人。寫一封信，表達你的失望，並在信末承諾，以後不再對那件事或那個人那麼生氣了。你可以選擇象徵性地燒掉那封信，或把它藏在一個祕密的地方，或把它埋起來。
- 定期做健康的運動。從醒來的那一刻起，就開始加入一些健康的活動，讓身體擺脫過度的緊張。
- 記錄你攝取多少咖啡、含糖飲料、能量飲料、酒類或其他藥物。這些東西可能讓你的脾氣變得更糟，盡量少碰。

- 持續練習放鬆對策。正念、感官干預、深呼吸是控制憤怒的基本方法。

- 努力以建設性的禮貌方式表達憤怒。切記，憤怒不是壞事，但攻擊、辱罵或威脅則很糟糕。

- 說出來！如果你知道某個對話即將發生，為什麼不先找一位信任的朋友反覆練習，練到你有信心表達想法呢？

- 練習正面的自我對話。最終，你可以控制你的想法與情緒。確保你告訴自己的訊息能反映這點。

第八章

社交聯繫與健康的人際關係

　　我們談兒童與成人的韌性時，社交技能是一個重要的面向。然而，「社交技能」這個詞其實包含了很多東西——從我們管理社交互動、解讀肢體語言及言語暗示、平衡社群媒體的能力，到我們與親友互動的頻率等等都涵蓋在內。對一些人來說，社交技能是指知道別人什麼時候對我們好，什麼時候對我們不好；知道什麼時候社群媒體占據了我們的生活；知道什麼時候螢幕上的「假新聞」在拖累我們。本章將探討生活中的一些社交面，以及隨著韌性的增強，我們如何提升這些方面的技能。請注意，基於兩個原因，我在這一章把各種類型的人際關係都放在一起講。第一，我不希望任何人認為我們的幸福與韌性有賴於愛情；第二，我已經出版過一本談愛情的書（《伴侶的真正人生指南》），如果你想學習如何與長期伴侶維繫健康的關係，我非常建議你看那本書。現在，我們來看如何利用社交技能來提高韌性。

💡 內向或外向？

　　我們先天有很多差異，有些個性特質顯而易見，有些個

性特質需要好一陣子才浮現。一般來說，內向的人比較喜歡有限的社交接觸及一些情感距離。他們往往比外向者安靜，先天比較保守。太多的關注會讓內向者感到不安，他們給人「害羞」、「謹慎」的感覺，有時甚至讓人覺得他們的「警覺性很強」。相反的，外向者是派對上的好夥伴，他們通常喜歡耍寶及獲得關注，很容易結識朋友，分析資訊時不如內向者深入。

長久以來，大家普遍認為內向者是害羞、安靜的，社交上比較彆扭，不像外向者那麼有趣。有些人仍把「社交焦慮」和內向者聯想在一起。當然，現實的狀況絕非如此。簡言之，內向或外向是一種個性特質，不是反映社交韌性。

> 「求學時，我的成績單上總是寫著『內向』，好像那是壞事似的。當時，我必須承諾我會做得更好，交更多的朋友，不要那麼『緊張』。那時我才十歲，我才沒有緊張，我只是比較喜歡靜靜地在一旁觀察，而不是在全班面前耍寶罷了！」

你管理社交形象的方式，會因為你偏內向或外向而截然不同。你交友及人際互動的方式，會隨著你的自在度而調整。例如，身為外向者，你可能會尋求刺激及新友誼，對外出感到興奮，可以輕鬆與旁人打開話匣子。對內向者來說，臨時決定外出或坐在陌生人旁邊可能會很尷尬。對於內向者、有社交焦慮或難以結識新朋友的人來說，社交可能很痛

苦。相反地，外向者可能會聽到別人勸他「收斂一點」。以下是幫內向者變得更外放、幫外向者變得更內斂的初步重點：

不要老是拒絕邀約

我自己就是一個充滿社交缺陷的人，基於很多原因，我很了解這點。你越不想社交，就會拒絕越多的邀約。經過幾次拒絕後，不久，就再也沒有人來邀請你了，你也不再想起社交活動。顯然，對自閉的獨居者來說，這也許不是很糟的事。但是，對我們這些為了工作、學業、家庭、朋友而需要維持一些社交技能的人來說，這是一種惡性循環。所以，要記得偶爾答應一些邀約，如果你不得不回絕，可以先感謝對方的邀請，並讓他知道下次你很樂意參與。

練習一些社交的開場白

例如，你知道這個週末你會去一場喜宴。一開始你對於要不要去猶豫再三，更怕跟一群陌生人同桌。不要等到那天才想要閒聊什麼，你可以先列個清單，記住清單上的內容。練習一下簡單的自我介紹，也問問對方的來歷，這就是社交技能。技能是可以練習的，而且熟能生巧。所以，為計畫好及計畫外的事情做準備，絕對不是浪費時間。

設定活動目標

許多人覺得，在社交場合或活動中設定一個目標或角色很有幫助。例如，如果我參加一場會議，知道我是去講授一

個主題或做簡報的,就幾乎不會感到焦慮。然而,如果我是參加一個沒有目的的會議,又看到身邊的同儕提出許多問題,那往往會讓我感到不知所措。所以,事先思考你為什麼要參加那場活動。無論是為了取悅某某阿姨,或是去聽社群媒體的講座,還是為了獲得一本免費的電子書,必要時給自己一些參加活動的理由與動機。

做好準備,休息一下

如果你真的有社交障礙,社交活動可能很累人。請在活動前先好好休息,或許可以洗個熱水澡,讀本書搭配一杯熱巧克力,或打個盹。活動當天,在你回到派對現場之前,如果你需要在花園裡散步、欣賞裝飾燈,那就做吧。

穿戴一件引人注目的東西

很多人發現,佩戴曾祖母的胸針或戴一頂亮粉色的帽子有助於打開話匣子,因為別人可能會讚美或評論那個東西。這樣做有助於你的自我介紹,你可以反過來稱讚對方的衣著、帽子或鞋子,雖然這些都是場面話,但有助於抒解一開始的尷尬。

帶朋友同行

帶朋友去參加活動沒什麼不對。只要朋友感到自在,或至少在那些場合上比你更自在就行了。讓朋友知道你的感受,以及他可以怎樣幫你。希望你們兩個都可以在現場玩得

開心。

不要只談論自己

　　沒有人喜歡愛現的人，所以不要霸占說話的時間。無論你是天生內向、還是外向，你都需要練習取捨，跟別人一起分享鎂光燈。一個簡單的練習是，每次有人問你一個問題時，你也問對方一個問題。也許不是每次都問「那你呢？」，但如果有人問你正在學什麼，你可以問對方的興趣嗜好是什麼。

知道何時該道別

　　不管你是太累、覺得無聊了，還是把別人累壞了，你都需要知道何時該道別。社交互動及練習社交技巧，不表示你需要從頭到尾都在現場。事實上，享受一半的美好時光，比從頭到尾強顏歡笑更好。

　　　　「我不介意偶爾去購物，但我需要提前計畫。
最好的購物經驗是，我想回家時就可以先回家，一
回到家就鑽進被窩裡看 Netflix ！」

💡 單向友誼、還是雙向友誼？

　　健康的人際關係很重要。許多沒有社交圈、感到孤獨或無法維持友誼的人提到他們有負面情緒，包括覺得自己遭到

排擠、孤立無援，有時甚至遭到批評。因此，社交韌性差的
人可能與不太支持他們的人發展或維持關係。或者，我們可
能發現自己的人際關係似乎是單向的。切記，社交關係對健
康與韌性很重要，但不要為了社交而讓人占便宜。想想你周
遭的人際關係。你覺得你一直在對朋友、親戚或同事付出
嗎？他們對你如何？他們是否也為你付出？如果答案是肯定
的，很可能你們之間找到了平衡點，雙方都覺得獲得同樣的
支持。如果答案是否定的，你也覺得你們的關係是單向的，
你可能會質疑這個關係的效益。那是可以改變的嗎？還是不
可能改變的？

　　說到健康的人際關係，會讓人想到「尊重」、「信
任」、「平等」、「安心」等字眼。說到你的人際關係，你
會想到什麼字眼？你需要在這方面下更多的功夫嗎？例如，
抱持負面態度好一段時間的人，發現朋友開始消失是很正常
的。一個人不懂得設限，對任何要求都不懂得回絕時，他可
能會發現身邊只剩下那些會找他幫忙的朋友。不管你是什麼
情況，現在都是思考你目前的人際關係以及未來想要哪種人
際關係的好時機。

忠於自己

　　你有自己的獨特風格、個性、不安全感、觀點與憧憬。這些東西即使不完美，但是都很重要。有些事情你應該做好協商的準備，但也有一些事情是沒有協商餘地的，你不會、不能、也不該協商。接受這些事情，正視你的需求。我們常看到一個人為了新朋友或親人而試圖改變自己，但六個月後卻發現他們無法維持那些改變。相較於嘗試轉變成另一個人卻慘敗，從一開始就誠實面對自己更好。

溝通

　　在人際關係中，能夠談論各種好壞醜惡的事情是最重要的。只要你能溝通你的恐懼、不安全感、價值觀和想法，不管它們是什麼，你的人際關係都沒有問題。能夠協商規則與界限也很重要，學習以正面的方式與親友劃清界限。

接納差異

　　你、伴侶、家人、朋友有不同的觀點、價值觀和個性。接受這樣的事實，如果雙方都努力去理解對方的觀點，就可以輕易避免一半的衝突。適時地妥協，別為小事傷腦筋。基本上，你要精挑細選你想爭論的議題，選擇重要的、忽視那些微不足道的爭論。我們不可能贏得所有的爭論，好好選擇你想堅持的立場對你更有幫助。

規劃美好時光

你不見得能和周遭的每個人都和睦相處，追求完美更是不可能的。重要的是，在任何人際關係中，注意一下成長與正面的東西。無論旅程中是否有親友相伴，都要規劃美好時光、約會、夢想和目標。可以的話，也可以規劃與遠親和朋友的美好時光！人際關係需要時間的醞釀，培養這些關係很重要，尤其是在一開始的時候。

與他人相處可能很難

管理親友關係的一個關鍵要素是誠實。如果你覺得不開心，就不要告訴伴侶、朋友或同事「一切都很好」。你覺得長期這樣下去會發生什麼？你只會變得沮喪，消極或孤僻。你應該誠實說出真相，不要靠第三方傳話。例如，如果上次家族聚會時，珍妮阿姨說你做的砂鍋菜不好吃，你因此感到生氣。你可以找機會跟珍妮阿姨私下談談，用平靜的口吻、尊重的方式、成熟的態度說明你的感受與原因。

在任何人際關係中，設定明確的界限和限制很重要。我在治療中會告訴所有患者，設定健康的界限有三個步驟。第一步是確定應有的界線。每次孩子去婆家，婆婆就讓孩子喝汽水，你可以接受嗎？你覺得可以借錢給朋友嗎？一旦你決定什麼事情該做、什麼不該做，就會更懂得讓別人知道你的立場。

第二步，好的界限是讓每個人都知道！如果你沒有打算

讓婆婆知道你的立場，禁止孩子喝汽水也沒有意義。除非婆婆有水晶球或懂得判讀你的心思，否則她不會知道你在想什麼，而且她可能在每次家庭聚會時，都在冰箱裡塞滿汽水。

　　以上兩個步驟都是一般常理，多數人在執行上沒什麼困難。第三步有點棘手，但是就像我對患者說的，沒有第三步的界限，就跟毫無界線一樣。第三步是保護你的界限。你準備怎麼做以確保大家把你的想法當一回事，並尊重你的意願？你如何堅持到底？前例中，如果婆婆明明知道你的規矩，卻依然讓你的孩子喝汽水，你會怎麼做？第三步是建立一個自然的結果。這不是指報復或懲罰，而是指你已經清楚解釋你的界限，並強調如果那個行為繼續下去，將會發生什麼。這是指，如果婆婆繼續讓小孩喝汽水，你可能會決定小孩以後只能在大人陪同下去婆婆家，婆婆想看小孩可能要到你家或去公園，或是婆婆了解到除非不給小孩喝汽水，否則看不到小孩。第三步很難，因為那可能引發衝突與對抗。但是少了第三步，就無法設定有建設性的明確界限。

　　界限的問題在於，它是主觀且個人的。我可能覺得規定「回家前先發簡訊通知」對我的家人是很好的界線，因為我想確定他們回家時，我不是衣衫不整的狀態。但別人可能覺得那個界線很蠢又沒有必要。自然的結果也是如此，我可能覺得某個結果很適合，但別人可能覺得另一個全然不同的結果比較恰當。這沒有對錯之分，只要是明確的、尊重的、顯然是安全合法的就好！底下幾點可以幫你把這些對策付諸實踐：

1. **堅持立場！**所謂得寸進尺，軟土深掘。在人際關係中，你應該設定界限與規矩並堅持下去。這不表示你沒有協商的餘地或不能改變想法，這可能表示某刻很重要的事情不再重要了。改變邊界和堅持立場是不同的，因為改變邊界是你自願的，而不是被迫的。

　「艾茲蕊醫生教我設定界限的方法，是假裝她想踢我，我因此採取必要的步驟，好讓她停下來！這招感覺很詭異，也很有趣，卻很務實。它幫我以想像的方式，落實設定界線的三步驟。直到今天，我依然記得！」

2. **明確地設定界限，並記得提醒親友。**界線要公開透明。如果婆婆把汽水倒入小吉米的杯子，端給小吉米喝，她以為你不會當著十五位客人的面前提出反對，那你就當場說出來！但是要有禮貌，語氣尊重，甚至要發揮幽默感。例如，你可以說：「婆婆，小吉米從上週到現在還不能喝汽水。」

3. **保持距離。**我知道乍聽之下這似乎不利社交，但如果其他的方法都沒效，這樣做可能是必要的。不是每個親友都充滿關愛，有些人甚至是惡毒的。如果你周遭不幸有這種人，你已經試遍了其他的方法都沒效，你可能需要盡量減少跟他們相聚。你可能也會發現，只在你家或中立的區域見面，有助於避免權力失衡。或

者，只在伴侶的陪伴下，才見這位親友，畢竟人多力
量大……

4. **盡量避免向關係不好的親友求助。**不久前你才請妹妹
（或弟妹）臨時幫你帶小孩一週，你可能很難阻止她
不請自來，或突然到你家作客。避免讓自己處於「積
欠人情」的狀態，因為那很自然會影響你堅持決定與
界限的能力。

5. **不要八卦或散布謠言。**想要發洩及尋求情感支持是人
之常情，但這有分「正確」的作法及「錯誤」的作
法。在嫂子的母親面前談論嫂子，不太可能對你有
利。你應該找自己的朋友、親人或毫無既得利益的第
三方談。

6. **不要感情用事！**在任何人際關係中，你和對方都有一
樣多的權力。如果你開始出現防衛、擺爛或無禮的態
度，對方因此與你斷交是意料中的事。同樣的，如果
你總是消極、抱怨或求助，社交圈很快就會縮小。盡
量保持正面、樂於助人、支持的心態，就像你希望別
人對待你的那樣。

💡 那麼社群媒體呢？

人際關係已經隨著時間而演變。我們認識朋友的方式、
關係的培養與疏離、現代的生活方式，都影響了我們的生活
型態。網路上的社團、線上約會平台、社群媒體等東西，改

變了我們投入興趣的方式。以前,如果一個人不住在你附近,不是跟你去同一家健身房,或不是朋友的朋友,你幾乎沒有機會認識他。對多數人來說,為了獲得社交及情感上的滿足,我們需要在直系親屬之外建立有意義的人際關係。社群媒體已經變成那樣的工具,讓人在不放慢生活步調、不需要看得太遠、也不需要跟上所有重要八卦下,與人相連。臉書之類的社群媒體一開始是為了讓本來就認識的人保持聯繫,後來社群媒體的使用方式開始改變。如今,它既是與既有的朋友保持聯繫的工具,也是認識新朋友的工具。

> 「我在網路上維持很好的形象。事實上,過去
> 幾年,我透過 LinkedIn 受邀去幾場大會上演講。
> 建立人脈、培養友誼,甚至任何社交活動,都不再
> 是過去的樣子了。」

社群媒體雖然是不錯的社交工具,但它也引起了一些社會不滿,部分原因在於有些人因此感受到從眾的壓力,不斷地比較自己的人際關係與朋友的人際關係。切記,和朋友保持聯繫是一回事,但被那些美化及誇大(即使不是捏造)的完美生活蒙蔽了,可能會讓你覺得自己的生活相形失色。原則上,多數人都「知道」,不要相信社群媒體上顯現的一切。然而,多數人看到別人過得遠比自己好時,還是會感到煩惱、難過或悲傷。因此,我們可能會開始為了自己的生活不夠美好而忘了感恩,變得憤世嫉俗、沮喪,甚至怪罪親

友。所以，瀏覽社群媒體時，不要照單全收，不要以為那些都是真實的，注意你可能在不知不覺中讓社群媒體影響你對人際關係的感覺。

「幾週前，我和妹妹到一家不錯的餐廳，服務生把我們帶到一區似乎很安靜的地方入座。我們坐下來環顧四周時，看到附近約有十桌客人，其中有八桌客人在這個收費昂貴的場地裡，沉浸在手機中，跟同桌的人毫無互動。我們都笑了，於是我們關掉手機。那晚我們聊得很愉快，已經好久沒那麼盡興了！」

社群媒體與各種網路平台的問題在於，它們會導致上癮。那可能包括對社群媒體本身上癮、對引人注目的行為上癮、對遊戲上癮（我聽說《Candy Crush》很好玩）、對賭博上癮。就像任何上癮一樣，我們只有在無法接觸它們時，才會注意到自己上癮了。在網路斷線、手機掉進浴缸、輸光籌碼以前，我們都不會意識到自己的上癮現象。當你注意到自己有上述現象時，請留心觀察。那可能對你的心理健康及人際關係有害。儘管在社群媒體上與親友（尤其是遠方的親友）分享資訊、照片、最新動態很棒，但社群媒體也很容易讓人在上面宣洩一些現實生活中不會講出來的消極言論，或讓人不斷想著自己沒有的東西，而不是自己真正做了什麼。

💡 摘要

　　社交技巧對於培養強大的韌性很重要，但很多因素會影響社交。你有什麼性格特質？你天生喜歡社交嗎？你曾出現社交焦慮嗎，還是你比較喜歡上網交流？為了維持健康的人際關係，找出目前人際關係中的動態很重要。你的人際關係中有信任、尊重、平等的分享嗎？如果沒有，為什麼會這樣呢？你是不是沒有劃清界線，你的負面態度是否嚇跑了親友，還是你遇不到合適的人？到最後，這些都不重要。重要的是，你現在努力設下適當及安全的界限，與正面、支持你的人往來。如果你擔心自己的社交技能，可以尋求協助。

💡 任務練習

- 列出你主要的三種人際關係。思考它們在人際關係的連續面上，分別處於哪個位置：兩邊平等嗎？偏向一邊嗎？是正面的、還是負面的？思考一下為什麼你會那樣評斷那些人際關係？如何改變那種狀態？

- 想想你現在為人際關係設下的界限，你對它們滿意嗎？外界清楚知道這些界線嗎？你準備好保護它們了嗎？運用本章提出的三步驟，選三個新界線來建立。

- 打開你的社群媒體帳號。往下滑動頁面，瀏覽動態消息（newsfeed）。這些網路發文的基調是什麼？是令人振奮的，還是「情緒低落」的？切記，你接觸的資

訊會影響你的心理健康。選擇那些令人振奮的動態消息，你自己發布的貼文也要如此。沒有人想要一再看到負面又令人沮喪的貼文。在你真正做到這點之前，可以先假裝樂觀，裝久就會成真，不久你就會覺得正向思維很自然。

- 投入心血。主動約朋友出去，追求良好的社會平衡，就像面對生活的其他面向一樣，尤其你先天不擅長這樣做時，更要下功夫。

- 尋求協助。如果你有社交焦慮症或因任何原因而難以社交，不要害怕尋求協助。無論是透過互助小組、家庭醫師或治療師，都有人可以幫你，不要覺得難以啟齒。

第 三 部

朝正面的未來下功夫

第九章

身心健康

　　身體健康與心理健康之間有關連嗎？身心之間有連結嗎？這是一個存在好幾百年的問題，現在我們可以輕易回答了。是的，兩者之間有關連。

　　身體與心理根本上是相連的。這可以解釋為什麼有心理問題的人常同時出現共病（comobid）*的身體問題，反之亦然。想想你罹患慢性背痛、或得流感數週、或是為了一個你不抱太大希望的病去找醫生治療時，你的心情可能很低落，就像你被診斷出罹患憂鬱症或焦慮症後，身體可能感到倦怠和疼痛一樣。因為坦白講，這就是一般發生的現象。

　　俗話說預防勝於治療，雖然這樣講有點籠統，但還是有道理。如果我們知道並接受身心需要同步才能幸福健康，那就值得來看一些理論與實務上可以確保我們維持正向又健康的對策。這一章將討論維持身心健康的方法，並鼓勵你以一種整體的方式來思考自己。

---

* 譯註：在醫學領域，共病症或合併症是指與原發疾病同時病發的一種或多種疾病。

「我從來不生病，從來不會！但每次我展開新工作時，各種毛病就出現了。扁桃腺發炎、喉嚨發炎、腸胃不舒服。每次壓力一大，我的免疫系統似乎就停擺了！」

💡 愛自己

身體意象（body image）是一個有趣的話題。我遇過或治療過的患者中，很多人對自己的身體抱持某種程度的矛盾心理。有時你很難對自己的身體感到滿意，就像我女兒朱莉安娜說的：「那是我們最大的敵人。」身體意象是一個人對自己的身體（及其存在）的感知，以及因此產生的感覺。這有點像第二章談到的正向思維及認知行為治療（CBT），我們產生的想法（潛意識或有意識的）會引發情緒結果。想法正面時，這是好事；想法負面時，就不太好了。在深入探索之前，我們先來做一個練習。請你走向鏡子（全身鏡最好），站在鏡子前（是否裸體由你決定）。你當下想到什麼？根據下面提示的字眼，想想你如何看待自己的身體。可以的話，先不要把這些字眼解讀成感受。抱著那些想法坐下來，接受那些想法的客觀本質。

- ✓ 膚色
- ✓ 身高
- ✓ 重量
- ✓ 腳／手
- ✓ 乳房／胸肌
- ✓ 體型

✓鼻子　　　✓妊娠紋

✓耳朵　　　✓存在

✓牙齒　　　✓活力

✓頭髮

其他⋯⋯

_____

_____

_____

　　你會注意到有些字眼的選擇很客觀中性（例如棕髮、藍眼），有些字眼比較主觀。有些人選擇的字眼甚至很苛刻（例如肥胖、牙齒凌亂）。別誤會我的意思，我沒有說任何人應該說自己「肥胖，牙齒凌亂」，但有人就是這樣看自己的。身體意象差的人對自己很嚴苛，描述自己的字眼很刻薄，他們甚至不會用那些字眼去形容別人。

　　你準備好以後，我希望你再看一次鏡子裡的自己，但這次不要讓大腦挑選你不喜歡自己的地方，而是挑三個你真正喜歡的地方，那可能是你的體型、魅力、某個身體部位或時尚感。

　　你覺得回答這題是容易的還是難的？當你把焦點放在喜歡的東西上時，你對自己的看法有些許改變嗎？我們對身體意象的解讀可能很殘酷，但我想說的是，它和其他事情一樣。當你把焦點放在負面或缺點上時，你會感覺更糟。所

以，該如何改善身體意象呢？切記，身體意象其實和外表無關，而是和我們如何解讀外表有關。有鑑於此，我們來看看如何解決這個問題：

- 從正面的角度去了解自己的身體。還記得你列了三個你喜歡的地方嗎？請關注它們並找出更多。每個人都有很好的特點。
- 想想外表以外的東西。身體意象不止攸關外表，也是指你愛你自己、你的個性、你的優點、你的言行舉止、你實現夢想的方式。
- 稍後我們會更深入探討儀容整潔與衛生，但不用多說，良好的衛生與儀容確實對身體意象有很大的助益。不必想得太複雜，可能只是擦點潤膚乳或鬍後水就夠了。感覺舒適乾淨會立刻讓你感覺更好。
- 打直腰桿！注意你的姿勢。慵懶駝背的姿勢會扼殺自信，抬頭挺胸不僅散發出更好的訊息，也讓脊椎和器官歸位。把這點視為同時改善健康與身體意象的小祕訣。
- 打扮合宜。我的意思不是說，你需要最新的西裝或最可愛的手提包，而是要讓穿著凸顯出你的特質，讓你的自我感覺更好，並符合你想要塑造的形象。

「我的新工作是擔任公共衛生經理。剛上任時，我身無分文，親戚中沒有人在婚禮或葬禮以外

的場合穿西裝。所以，我穿西裝上班時，覺得自己
很假，一開始很彆扭。但西裝穿久了，也讓我整個
人脫胎換骨。」

- 別再拿自己和別人比較，尤其不要拿雜誌上那些軟體
  修過的模特兒照片來比較！每個人都不一樣，即使是
  你覺得性感迷人的美人，她可能也不喜歡自己的某些
  地方。有些人可能頭髮更好，皮膚更好，或體重更
  輕，但他們可能沒生過四個孩子，也沒有全職工作。

💡 運動究竟有多大的效益？

　　每個人都知道規律的運動對身心有益。我們常聽到這種
說法，在電視上常看到，也常聽健康專家這麼說。最明顯的
效益是減重或增肌，或維持健康的體重。肥胖是二十一世紀
最大的共病議題之一，統計數據相當可怕。全球有 35% 以
上的人口超重，其中一半的人無法或不願承認肥胖帶來的額
外健康風險。這些風險很大，從糖尿病到心理問題、高血
壓、心臟病發、中風等等，超重的問題遠不止於外表而已，
也影響壽命與生活品質。

運動的其他好處是什麼？
　　✓ 釋放腦內啡
　　✓ 改善身體健康

✓ 增強性慾／性愛持久度

✓ 改善情緒

✓ 增強活力

✓ 改善睡眠

✓ 提高自尊

✓ 減輕憂鬱與焦慮症狀

✓ 健康的因應機制（這些機制也可以取代不健康的機制！）

「一開始運動很難，但改善了很多狀況。我減掉了懷孕期間增加的體重，憂鬱減少了，更有活力陪伴孩子，性生活也恢復了。這絕對是好習慣！」

💡 我們來談談真正的障礙⋯⋯

現在大家應該都知道運動有益了，多數人也知道自己有許久沒用的健身房會員卡，或租了六個月的跑步機，但堆在起居室裡積灰塵。大多數的人沒有規律運動的習慣是有原因的，不是因為我們不知道運動的效益，而是因為缺乏紀律或動力，或不在乎。我們來看一些大家不運動的原因吧（是的，儘管運動對我們好處多多⋯⋯），看我們有沒有辦法解決這些因素。

●「一般建議每天運動三十分鐘，但我抽不出時間！」

沒錯，研究建議每天至少運動三十分鐘，但是對很多人來說，每天騰出三十分鐘很難。對一些人來說，可能每天只運動五或十分鐘，甚至只從車子停放的地方走到辦公室。無論你能做什麼，都比什麼都不做來得好。不要讓缺乏時間阻止你嘗試。

- **「我已經很累了！」** 沒錯，我們的生活很忙碌，身體可能已經很疲累、情緒低落。不過，好消息是，運動其實可以讓我們更有活力。如果你有動力去健身房或開始任何運動，我保證，運動完後你會覺得沒那麼疲累。

- **「呃⋯⋯我提不起勁⋯⋯」** 你可能有上百件待辦事項，包括六個孩子、三份工作、五隻寵物等著你照顧。如何在百忙中再加上運動這個任務？想在忙碌的一天中再塞入一項活動（尤其是你不想做的事）似乎很難，更糟的是，如果你從來沒做過任何運動，想從頭開始可能更難。但是就像前面說的，一旦開始了，你可能會真的喜歡它！

- **「一點也不好玩！」** 那就讓它變得好玩！沒有人說你一定要去跑馬拉松。我喜歡走路，有些人覺得那很無聊，但是對我來說，那是我最喜歡的運動。選你喜歡的運動，你覺得有趣的事情。也許可以邀請一個朋友或一群朋友一起做。把運動安排在對你的身體、社交、實際生活都很恰當的時間。

- **「運動很痛！」** 很多人開始運動時，會感到疼痛或不

舒服。輕微的疼痛在所難免，但如果你有健康問題、
殘疾或受傷，一定要告訴家庭醫師或其他的醫療專業
人士。有正確的醫療建議，運動應該不是問題。

💡 飲食或生活型態？

我們都知道運動對健康的生活型態很重要，也知道營
養一樣重要。健康的飲食讓我們感覺身心更健康。眾所皆
知，良好的營養有助於維持良好的 BMI（身體質量指數）、
毛髮與指甲的健康成長、提升注意力、增加活力、使心情更
愉悅。

我認識的很多人常說他們「正在節食」，「需要小心」
或「終於開始減肥了」。不過，這些人常見的共通點是，他
們都覺得自己的努力有時間限制、很激進，是有目的的。遺
憾的是，這些想法正是導致失敗的原因。節食沒有效果，容
易讓人疲乏、受到誘惑、覺得煩躁，不久就放棄了。節食常
讓人覺得很難，除非從生活型態著手，不然無法成功。

幾年前，昆士蘭州政府製作了一組很棒的廣告，教人重
新思考生活型態，變成「更換者」（swapper）。它的整體
概念是說，與其做暫時又激進的節食，大家應該養成新的習
慣與常規，把特別不好的東西換成更好的替代品，而不是完
全不碰那些東西。例子包括：

　✓大 vs. 小

✓ 偶爾 vs. 經常

✓ 油炸 vs. 新鮮

✓ 坐著 vs. 移動

✓ 爆米花 vs. 炸馬鈴薯點心

✓ 蘋果 vs. 甜甜圈

✓ 加味水 vs. 含糖飲料

✓ 堅果 vs. 棒棒糖

「我以前每天早上休息時吃一塊蛋糕。坦白講，那比較像習慣，而不是真的餓了。後來我把蛋糕換成低脂優格配穀麥。天啊，那好吃多了，而且更有飽足感，從此就回不去了。」

市面上有很多節食法，也有很多維持健康生活型態的祕訣，我就不在此贅述了。然而，重要的是，切記，健康不需要節食或採行嚴格的挨餓計畫（但又偷吃巧克力）。健康的關鍵在於平衡，少吃點心，多吃好的食物。重點是把這些訣竅持久地融入日常生活之中，讓身體獲得需要的營養，你就會得到所有的好處。

💡 睡眠

你很容易入睡嗎？還是需要一段時間才睡得著？有些人說他任何地方都可以入睡，有些人則需要一定的睡眠環境才

能睡個好覺。良好的睡眠習慣有多重要？睡眠對身心健康又有多重要？答案是，非常重要！

你知道在戰爭時期，剝奪睡眠是一種非常有效的酷刑嗎？囚犯遭到剝奪睡眠後，甚至會發瘋抓狂一陣子。由此可見，睡眠不足會導致重大的身心問題，症狀包括情緒低落、暴躁易怒，或甚至精神病、低血壓、活力低落、頭痛與噁心……顯然，一晚睡不好，不會出現這些症狀，但連續幾週或幾個月後，那就另當別論了。睡眠（至少七個小時）對維持平衡很重要。睡覺時，大腦和身體都會修補細胞，休息並生長新的組織與肌肉。不睡覺的話，身體會垮掉，慢慢變弱，無法因應日常作息。七小時的睡眠可以降低罹患心臟病、中風、癌症、心理問題的風險。但更重要的是，良好的睡眠可以帶來活力，抒解憂鬱與焦慮（如前所述，四分之一的人會經歷這兩種障礙）。顯然，每個人都不一樣，如果你想知道你需要睡多久，可以諮詢醫學專家。

睡眠習慣是指每個人幫自己入睡的一套慣例，那可能很嚴謹，也可能很隨性，端看你入睡的容易度而定。簡言之，多數人（甚至從嬰兒時期開始）都有一套睡眠習慣，那可能是洗個澡、喝杯茶、聽放鬆的音樂，然後就寢。這沒有對錯之分，但如果你很難入睡，可能需要考慮一下你的睡眠習慣，把問題處理掉。底下是一些助眠的對策：

- 減少咖啡因的攝取量，尤其是晚上。
- 睡前幾個小時不要運動，讓身體放鬆。

- 早起。若睡到中午才起床，也難怪夜裡會難以入睡。盡量維持正常的作息。
- 除非基於健康因素需要午睡，不然盡量避免午睡的習慣。真的需要睡一下時，最好不要超過三十分鐘。
- 減少壓力。當你面臨財務問題、家庭問題或工作專案時，無法入睡很正常。經常練習放鬆對策。
- 選擇適當的安靜活動來培養入睡的心情。無論是猜謎、寫日記、還是看書，選那些不會在睡前五分鐘令你振奮的活動。
- 關燈，關上百葉窗。人類先天生理上是晚上睡覺、白天活動。黑暗與安靜通常有助於入睡。
- 聽好聽的音樂或意象訓練的錄音。YouTube 上的邁克‧西利（Michael Sealey）非常棒，我還沒聽完就睡著了。
- 避免毒品、酒精、電子產品、宵夜。這些東西容易搗亂生理時鐘。
- 最重要的是，傾聽你的生理時鐘，出現睡意就接受暗示。

「以前我常拖到晚上十點半才就寢，而且常在床上翻來覆去，到十一點半還沒睡著。現在我一有睡意，就關掉一切，閉上眼睛，通常五分鐘內就睡著了。」

就像前面談飲食及生活型態時所說的，這些對策並不是對付這些議題的完整資訊，而是為了促進我們思考，幫我們想想如何透過睡眠與健康來提升韌性。

💡 毒品與菸酒適量？

在談韌性與健康的章節中討論毒品與菸酒是個棘手的議題。我最初的想法是，想要維持及培養健康的生活型態，完全不碰毒品與菸酒才是正途，因為那些東西可能上癮，導致健康受損，社交及家庭問題等等。然而，我認為，某種意義上，那與喜歡吃巧克力、食物、含糖飲料或能量飲料的人沒什麼不同。如果你選擇吸毒或飲酒，你知道自己的界限嗎？你知道哪些徵兆需要注意嗎？你周遭的人呢？他們是否對你使用藥物或喝酒提出擔憂（可能是擔心費用、你使用藥物或飲酒後的行為；或是對孩子／家庭的影響）？你真的只是適量使用嗎？

> 「你無法擺脫的東西都主宰著你。有些主宰你的東西會給你力量，例如家庭或誠正。有些則會毀了你，這是我親身體驗後所記取的教訓，例如毒品與酒類。所以，你要很小心，你到底讓什麼東西主宰你。」

眾所皆知，長期接觸毒品與菸酒會造成嚴重的健康與社

會問題，包括：

- ✓ 慢性肺病與呼吸困難
- ✓ 貧血
- ✓ 牙齒不好
- ✓ 心理問題
- ✓ 高血壓
- ✓ 失眠
- ✓ 疲勞
- ✓ 肝臟、腎臟、內臟受損
- ✓ 社會心理問題
- ✓ 成癮行為
- ✓ 財務問題
- ✓ 神經受損
- ✓ 摔倒與受傷
- ✓ 認知障礙
- ✓ 感染
- ✓ 攻擊性和從事犯罪相關活動

💡 改變過的成本效益分析

　　想想你的現況，你準備好改變了嗎？改變很難。事實上，一般人只會為了兩個原因而改變──有利可圖或想避免什麼。少了這兩個原因，很難再找到其他動機。無論是膳

食、缺乏運動、還是飲酒或吸毒問題，不先思考你是否準備好改變了，可能沒有意義。如果你已經做得很好，那恭喜你！如果你能提高韌性及改善生活型態，可以考慮下面的決策矩陣。它要你思考改變的效益與成本。例如，不抽菸的好處包括節省開支、孩子不會吸到二手菸、你的咳嗽有所改善。然而，繼續抽菸的優點是幫你抒壓。同樣地，戒煙的代價可能是壓力增加，繼續抽菸的代價可能是伴侶睡前不想吻你。這個矩陣無關對錯，而是幫大家思考維持或戒除一種行為的效益與成本。我想鼓勵大家練習一下。

	效益	成本
戒除行為	🖊	🖊
維持不變	🖊	🖊

有些人可能已經決定改善某方面。那可能和毒品與菸酒無關，而是增加活動或改善飲食。原理是一樣的。改變必須經歷連串的步驟，從找到喜歡的行為，到思考改變的利弊，接著是實施計畫。

想了解改變的週期，請看下圖：

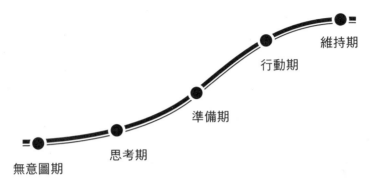

你處於圖中的那個階段？你還在無意圖期嗎（還沒有準備好改變），還是在思考你的行為（可能改變嗎）？一個人確定自己需要改變時，他會開始規劃流程，這是改變的重要部分。準備工作應該切合實際，讓人感到自在、安心。準備期結束後，就開始行動，實踐計畫。這可能很順利，但是在進入維持期之前，通常需要微調。

這種模式的美妙之處在於，它解釋了改變過程的起起伏伏。決定改變一個習慣，尤其是很久的習慣，非常困難，有時甚至需要專業協助。這本書是談韌性及正面心態、健康的生活型態。對習慣抱持開放的態度，注意你對本書討論的領域是否有疑慮。如果有，就尋求協助。世界各地有多種支援團體（包括面對面的團體及線上團體）、公衛服務、私人諮詢，當然還有你的家庭醫師。不要等到你不喝酒就睡不著或一不吃藥就無法工作的程度才尋求協助。同樣的道理也適用於其他領域。以體重為例，如果你對體重感到擔憂，別等到

你需要減三十公斤時才尋求協助。誠如我在書中一再強調的，你很特別，你值得感到快樂，擁有幸福。如果你沒有毒品、香菸或酒精就感受不到快樂，你並沒有真正找到快樂。

♥ 摘要

這一章是講我們在日常生活中如何看待及滋養自己。從善待身體、睡眠習慣到個人打扮，你可以做很多事情來呵護自己。有些對策是常識，相當容易。有些對策可能對你來說挑戰較高，甚至會讓你想要全力抗拒。畢竟，如果改變那麼容易，那還有什麼樂趣！在這一章中，我們沒有強調，但小小的改變也會發揮很大的效用。你一覺醒來看到幼兒把廚房搞得一團亂，可能覺得那沒有什麼。然而，當週末你和伴侶約會時，不要低估了塗點唇彩、指甲油或穿上新襯衫的效果。自我感覺良好攸關大局，那是從你對著鏡子說「我愛你」開始的。

♥ 任務練習

- 說出三件你喜歡及欣賞自己的地方，接著告訴別人。
- 想一想，當你不再貶低自己時，自尊有什麼差異？什麼會改變？
- 想想周遭的人，他們是否反映了你的身體意象與身體問題？你對此有何感想？你將如何改變這點？

- 寫下你今天吃的所有東西（或使用計算卡路里的 app）。注意營養成分的類別。你的膳食整體來說健康嗎？不健康嗎？今天是例外，還是日常？
- 考慮變成「更換者」，你可以更換什麼，試想更換後會變成什麼樣子？你可以從小處著手。
- 找一個運動夥伴，邀他一起散步、參加健身課或騎單車。讓運動成為日常生活的一部分。
- 記錄本週你攝入多少咖啡因、酒類、菸草或其他興奮劑。那對你的健康有什麼影響？對其他人有什麼影響？你準備好處理那個問題了嗎？
- 想想你的睡眠模式，你能改善你的睡眠習慣嗎？寫下一些想法。
- 讓你感覺良好又樂在其中！梳理打扮的時間到了！無論是換上一套漂亮的衣服、化妝、還是換新的鬍後水，確保你給自己一個感覺良好的機會。

解決問題與靈活性

　　說到韌性，我們想到的是問題出現時，處理問題的能力；以及遇到挑戰時，從挑戰中恢復過來的能力。這兩種能力都需要明確又有效的解題技巧。對許多人來說，「解決問題」這個詞不言而喻，而且非常基本，以至於我們有時忘了深入去了解它在實務上的真正含義。

　　解決問題的能力在任何領域都很重要，它可以避免滋生新的問題，幫我們解決既有的問題，並確保我們在整個過程中維持掌控權。然而，區分「真正」的問題與我們因焦慮、負面思維或溝通不良而給自己製造的問題很重要。如此才能減少解決「問題」的時間，享受更多正面的時光（雖然解決自己製造的問題也無害）。

　　「以前出狀況時，我總是不知所措，大腦進入
　關機模式，完全無法解決問題。我只能把問題推到
　一邊，直到它變得很大，難以處理。」

💡 真的有問題嗎？

誠如前述，有時我們讓情緒駕馭我們，導致我們覺得有問題。你可能參加一場派對，感到非常焦慮。心想，珍妮是不是在斜眼看你？或者，引座員把外套遞給你的方式不對勁？不管是什麼原因，你覺得不舒服，派對糟透了……但是有問題嗎？還記得前面談焦慮管理那章嗎？在那章中，我請求你專注於一種情緒和顏色，然後把它畫成一個形狀、一幅圖，然後指定一個單字。現在是運用那個練習的好時機。

想想你在派對上的感受，試著區分事實與情緒。考慮拆解事件，直到問題本身出現。你可以自問以下的問題：

- 這是什麼情況？（「派對糟透了！」）
- 你希望它怎樣？（「我想樂在其中！」）
- 你認為是什麼因素導致這個問題？（「我太焦慮了」，「我覺得沒人理我」或「這場合不適合我！」）

有些問題可能是內在的（跟你、你的情緒、你的感知、韌性有關），有些問題可能是外在的（跟他人、實際問題、需要協商的事情有關）。找出一個問題後，接下來是把它變成一句陳述。這有助於妥善處理問題及溝通。為此，你需要避免情緒化的用語，這包括主觀意見和強烈情緒，因為本質上那會導致問題難以處理。第二，你需要非常具體，因為模糊的陳述通常只會得出模糊的解決方案。例如，思考以下兩

個句子：

> 「那場派對糟透了，每個人都斜眼看我，我等
> 不及想要趕快那個鬼地方。」

對比：

> 「我參加了一場派對，覺得很不舒服，焦慮極
> 了，這需要解決。」

> 「『一個問題、一個解決問題的決定、一個不
> 錯的解決方案。』這是我的座右銘，這就是我需要
> 的。」

　　有些人覺得把問題寫下來比較容易。把問題列成一份清
單，以一個詞來陳述每個問題；或是在你能處理的情境脈絡
中，思考那些事情。把一個具體又清晰的問題加以縮小後，
更容易尋找解決方案。我們來思考一下，我們可以做些什麼
以找出潛在答案。

💡 腦力激盪解決方案

　　處理問題時，我們常訴諸熟悉的選擇——以前試過的方
法、有人推薦的方案，或讓我們感到放心的選項，不管它們

的結果如何。然而，這樣做的錯誤在於，誤認為以前沒用的方法，這次就有用；或是認為只有已知的選項是安全的。你應該對新的建議抱持開放的態度，考慮其他的選擇，甚至向他人徵詢建議。腦力激盪是想出大量的想法和潛在的解決方案，而且知道其中 90% 不會奏效或不實際。腦力激盪不是為了馬上找出完美的解決方案，而是為了隨機提出想法，直到你把一個想法和另一個想法聯想起來，最終促成一個解決問題的方案。

為了做腦力激盪，你可以邀請一個值得信任的朋友來討論你的問題。天曉得，說不定你的朋友可能也有同樣的問題或類似的問題！用一張紙，一台電腦或一個白板，你們兩個（或一組人）隨機提出與你選擇的主題有關的想法，不按順序把它們列出來。一個想法會激發出更多的想法。例如，如果有人把深呼吸列為焦慮的對策，其他人可能會無緣無故把它與運動或瑜伽聯想在一起。等每個人都絞盡腦汁想出各種建議後，仔細查看那份清單，開始篩除誇張的想法，直到最後只剩一些好的或合理的想法。接著，在你選擇的情況下，落實那些解方。

腦力激盪的一些建議：

- 大膽一點，想越多解方越好。切記，大部分的想法都會遭到淘汰，所以至少要想出十幾個解方，這樣才夠你篩選與嘗試。
- 瘋狂一點。不要顧忌太多。前面提過，這個練習不是

要讓你一開始就找到「合適」的解方，而是要讓你想出許多隨機的想法，以便激發出新的想法，以期帶來神奇的靈感。

- 多元化。例如，確保你的建議屬於很多領域（還記得談自尊那章嗎？那裡提到的「領域輪」也可以用在這裡）。考慮生活各面向的想法。再次強調，等一下還可以精挑細選。

- 讓它變得有趣。雖然你的問題可能不是笑料，但沒有什麼能阻止腦力激盪變成一個有趣的練習。幽默是很好的應對機制，請善加利用。

「我和朋友都有肥胖問題。這之所以是個問題，是因為我們都因為體重而感到自卑，出門覺得很尷尬。於是，我們一起腦力激盪一些想法，過程很有趣，我們想出的點子從按磅數賣肉到一起運動，五花八門。有這樣的朋友可以一起腦力激盪真的很棒。」

💡 設定目標以解決問題

為了解決問題，你需要把它形象化。你的問題是什麼？潛在的解決方案是什麼樣子？把目標變得「SMART」，是確保你的目標和解決方案容易成功的好方法。在下一章中，我們會更深入探討目標設定，所以這一節只簡要說明以避免

重複。總之，SMART 是指：

- 具體（Specific）：目標模糊時，解決方案也模糊。所以，要確保你的解決方案是具體的，以便及時衡量。
- 可衡量（Measurable）：可衡量的目標與解決方案最好。例如，在下次派對上「不那麼焦慮」不像「到達前不再嘔吐」那樣可衡量。
- 可達成（Achievable）：沒有什麼比設定一個達不到的目標更糟的了。你有實現目標的天賦、技能、專業嗎？如果你沒有實現目標的基本能力，你可能不會成功，那會導致你更加焦慮。所以重點不是不要設定目標，而是學習達到目標的技能。
- 切合實際（Realistic）：如果幫我解決社交焦慮的方法是當首相，那根本不可能發生。不是因為我沒有能力或資格，而是因為我的年齡及目前的職涯與政治事業相隔十萬八千里，因為我甚至不知道該從哪裡著手，也因為實務上來說，我根本對首相一職不感興趣。確保你的解決方案就你的興趣、承諾、時間、優先順序來說是切合實際的。
- 及時（Timely）：所有的目標與解決方案都應該有一個時間框架。那個框架不僅可以指引我們，也讓我們負起責任，持續專注在正軌上。這個時間表也應該切合實際，它可能類似下面這樣：「我的目標是在九個月後參加公司的聖誕派對，不帶焦慮，玩得盡興。」

「我在學校學過 SMART 目標，當時我沒注意、也沒想過用它來解決我的情緒問題與現實問題！沒想到這個方法效果很好，我一定會繼續使用的。」

SMART 目標很棒，它為解決問題提供明確的指引。然而，就像其他的事情一樣，它可能也需要時間。一開始就設定大目標，可能令人頭疼，也降低成功的機率。所以，最好從小目標著手，這些目標可能與短期問題有關，或者是一個墊腳石。例如，你的小目標可能是下週找個夥伴一起去參加一場活動，只待一個小時。雖然你的最終目標可能是去每個聚會都不會焦慮，但一開始先設定小目標更容易處理。此外，所有的小成果都有助於提升你解決問題的信心、動力與正面態度。

🔆 堅持到底

就像設定界限一樣，許多人很擅長制定計畫，但難以落實並堅持到底，所以他們常在這裡遇到挫敗。懷疑、恐懼、不確定、精力不足、負面思維或缺乏資源，都可能是讓人難以堅持下去的原因。然而，不堅持下去的話，計畫很可能無法實現。我敢保證，除非你寫下行動計畫，以一套結構化的流程來說明你如何達到目標，否則你很難成功。

　　「我制定計畫時，它們往往看起來像『從 A 到
Z』，接著我再花幾天的時間去搞清楚中間的 B 和
C 等等是什麼⋯⋯現在我改變方法了，我先把 A、
B、C 搞定，再去想怎麼達到 D，這影響很大，結
果全然不同。」

　　一旦確定了問題及潛在的解決方案，落實解決方案的
方法包括寫下從 A 到 B 的具體步驟。每一步都應該遵循
SMART 目標，並以前一步為基礎。例如，你參加派對時，
有嚴重的社交焦慮症，你的解決方案可能是這樣：

- 收到派對邀請時先深呼吸，接著練習放鬆技巧。
- 聯繫一位朋友，看他那天是否有空陪你去。
- 在日曆上以笑臉和其他正面的文字標註派對那天。
- 在派對前一週準備好交通、穿著與其他細節。
- 派對的前一週，練習正面思維及焦慮管理對策。
- 抱著正面態度，準備好一串打開話匣子的開場白，帶
  著夥伴去參加活動。

　　了解學習歷程的另一個好方法是透過學習循環。這方面
有不少研究，但整體來說，它們都有共通點與相關點。它的
概念是：我們體驗世界，觀察世界，從這裡開始思考改變，
以及如何透過規劃來改善生活。接著，我們落實這些改變並
評估效果。根據這個「學習循環」模型，我們不斷地進化與

學習，因此只要花時間去做分析及採取行動，經驗就有可能
引導我們邁向個人成長。

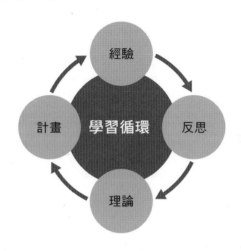

　　儘管我們有意願成長，但有時我們可能會拖延、改變主
意、驚慌失措，或者乾脆破壞自己的計畫。畢竟，有些人覺
得嘗試新事物比什麼都不做來得痛苦。已知的事物即使令人
痛苦，至少讓人心裡有個底。我們將在下一章探討「目標設
定」時，討論這些問題。目前我希望你思考最終目標。一個
夠好的理由可以幫你堅持到底。本章主要探討三件事：

- 你有什麼問題？
- 你有什麼理由改變它？
- 你要嘗試哪些解決方案？

我的解題記事本

我有什麼問題？

✎ _____

_____

_____

我有什麼理由改變它？

✎ _____

_____

_____

我要嘗試哪些解決方案？

✎ _____

_____

_____

💡 摘要

　　本章討論了在生活中解決問題的重要。這可能包括情感問題、實際的問題，或只是日常的小任務。不解決這些問題的話，我們會陷入同樣的常規與困境，這顯然與培養健康與堅韌的心態背道而馳。如果你找到問題，我們希望你能找到解決方案以及落實方案的好處。對自己的成長與發展負起責

任很重要，那顯示我們是成熟的、準備完善、游刃有餘。除非我們準備好努力處理這些問題，否則我們也許應該禁止自己持續抱怨生活中的問題。不過，反之亦然。有了成長心態，願意反思自己的行為、遭遇與經歷，我們的生活肯定會逐步改善。

任務練習

- 寫下上個月你注意到的三個問題（任何性質的問題都可以）。詳述發生了什麼，它們是怎樣的問題，以及你希望看到什麼發生。

- 邀請一位朋友或一群朋友來做腦力激盪。你們可以輪流提出自己的問題來討論，又或者，你們可能有同樣的問題。記下你願意嘗試的最終解決方案。

- 考慮你選擇的前五個解決方案。針對每個方案分解步驟：「步驟 A、步驟 B、步驟 C……」，確保這些作法符合 SMART 原則。

- 寫一封信給自己，說明你改變或解決問題的原因（也許你是為了過充實的生活），以及為什麼你值得過得更好。也許你改變是為了其他人，例如孩子、伴侶、親友，或是為了你深信的價值觀。

- 如果你有拖延的傾向，就寫一張清單，列出常阻礙你前進的事情（例如 Netflix、健身房、電話或工作等）。接著，思考處理這些分心要素的方法。

- 獎勵自己。如果你堅持到底，可以給自己一點激勵。
去看電影，點蠟燭洗個澡，或是去你喜歡的麵館用
餐。
- 落實解決方案時，重溫一下你在正面思考、良好溝
通、健康社交方面所學到的技巧。那些技巧可能剛好
派上用場。

第十一章

找出意義與使命

　　多年前，我偶然看了一本書。那本書改變了我對人生意義與使命的看法，也改變了我治療時對患者解讀這些概念的方法。這本書是維克多・弗蘭克（Viktor Frankl）寫的《活出意義來》（*Man's Search for Meaning*）。

　　在書中，弗蘭克先描述他被囚禁在奧斯威辛集中營（Auschwitz）的生活，以及囚禁期間他對其他同伴的觀察。如果你喜歡閱讀，一定要讀這本書。如果你不太喜歡閱讀，可以上 Youtube 的〈對抗平庸〉（Fight Mediocrity）頻道上搜尋「Man's search for meaning」，那段影片很棒（事實上，我很推薦那個頻道，那是探討正向心理學的地方）。

　　基本上，弗蘭克指出，在集中營中很難預測誰會活下來，誰會死（明顯的原因除外）。換句話說，你很難預測誰會放棄，誰會奮戰。他們遭到監禁一段時間後，為了活下去，就開始對集中營裡發生的事情麻木了。弗蘭克描述他們幾乎面無表情地看著屍體，在屍體尚未冰冷前，就跑去奪取死者身上的鞋子或外套。簡言之，他們的整個心理已轉為冷漠、超然，只想求生，弗蘭克稱之為「情感死亡」。有趣的是，那些情感死亡的人，身體也隨之衰退，身心健康都持續

惡化。許多人失去活下去的理由後，死神也上門了。

　　那些沒有理由活下去的囚犯，無法擺脫冷漠與絕望。然而，那些找到活下去理由的人，則是設法挺過惡劣的環境。他們的理由包括想再見到心愛的人，希望實現一個夢想，讀一本書，或以前曾經許下承諾。每個人定義意義的原因各不相同，都很主觀，但結果是一樣的：那讓他們活了下來。

　　弗蘭克認為，意義（或稱活下去的理由）是讓他們活下來的關鍵。他說：「知道『為何』而活的人，幾乎可以忍受任何事情。」他堅信，意義與使命是驅使我們活下來及蓬勃發展的動力；少了意義與使命，可能令人喪命。弗蘭克和他的「意義治療法」（Logotherapy）主張，專注在生活中創造意義，是我們經歷考驗與挑戰時，培養韌性與力量的重要方法。

> 　　「我治療罹患心理問題的人近三十年了，我發現有一點一直沒變：他們陷入憂鬱時，看他們有沒有活下去的目標。只要失去目標，麻煩就大了。」

💡 你要負責設計自己的使命

　　我輸入這些字時，心跳有點加快。我知道，對一些人來說，「我們有責任創造自己的幸福」這個概念聽起來像挨了一記耳光。但請聽我說，這有什麼替代方案嗎？

　　如果你不為自己設定目標，不思索生命的意義，不確保

你過著你夢想的生活，那誰能幫你做這些事？

　　這裡有兩種觀點，一種是我們必須創造自己的幸福，另一種是我們不必自己創造幸福。從這兩種觀點出發，一種意味著你握有掌控權，你有選擇與力量。另一種則是大喊你沒有主導權，不管你做什麼，都無法改變任何東西。我不知道你怎麼想，但我覺得我可以開創自己的命運。別誤會我的意思。這不是指我應該懷抱瘋狂的夢想，或我設定任何目標都能達成，而是指我會奮力實現目標。至少在我死之前，我知道人生操之在我。

　　我希望你思考一下你的人生與使命。你的人生與使命有多清楚？你有沒有想過，你有權力與選擇權來決定你個人的人生意義？

　　許多人聲稱自己有一種無助感（「我不能做○○」或「我沒有足夠的錢、時間、資源或力量等等」）。但是，有多少人比我們貧困，跟我們一樣忙碌，甚至可能有殘疾，但依然達到驚人的目標？很多。因為意義與使命，甚至我們的成就，在某種程度上，與我們「擁有什麼」無關，而是與我們面對逆境與挑戰時的動力與責任感有關。簡言之，如果你的生活沒有目標，如果你沒達到你想要的境界，你需要自己去改變。要做到這點，第一步是停止責怪外界，開始為你的目標與使命而努力。

🔆 為什麼我老是找藉口？

　　人類很擅長維持舒適狀態，他們可能想要某種東西，但欲望還沒有強烈到讓他們堅持到底，尤其在弊多於利的情況下。想像一下下面的例子，你一直想去法國探訪祖父的墳墓，他是二次大戰的大兵，他的墳墓就在諾曼第的海灘邊。你哥哥去年去了，今年你妹妹也去了。你仍然沒備妥旅費，也不知道到時候你在哪裡工作，而且你還有其他要務。其實你根本不用說「要是……就好了」、「我沒有足夠的錢……」、「我哥或我妹的狀況都比我好……」，都沒關係。

　　在這種情況下，真相是你找不到足夠的理由為那件事存錢或提前一年做計畫。同樣的，這與對錯無關，重點在於對自己負責，對自己誠實。例如，對我來說，我一直想學醫，但時機成熟時，我養了五個孩子，還背著房貸，我又是家裡的主要經濟支柱。讀醫學院需要放棄工作四年，那促使我做出明確的選擇。我要不是為此放棄四年的生活型態去讀醫學院，要就繼續走現在的職涯（並放棄夢想），過舒適的生活。我不是醫生，所以大家都知道我選了什麼。儘管我想到我無法走醫療生涯時依然難過，但我不能責怪任何人，只能怪我自己的選擇。

　　　「我記得我讀過一篇文章，那篇文章說有個跑步的人被叢林大火困住，全身大面積燒傷。但她沒有因此崩潰，而是更努力地生活，哇……儘管面臨

可能擊垮許多人的厄運，她卻變得勢不可擋。我想，如果她能做到，我應該也可以。」

在生活中，一個人之所以改變或出現某種行為，是基於兩個原因：

- 有利可得。
- 為了迴避某種狀況。

這是兩種強大的需求，也是驅使我們做任何事情的動力。我們去工作是因為需要錢，或是因為做那件事令人產生成就感。我們在車上繫安全帶，是因為我們付不起罰款，或是因為那在車禍中可以幫我們保命，讓我們放心。無論是什麼原因，我們的行為都是為了可以從中獲得什麼、或想避免什麼。這個道理適用在生活中的每件事。當我們對任何行動、目標或潛在目的感到困惑時，這是值得拿來問自己的好問題。回到剛剛那個今年沒去法國的例子，你可以問，把錢存起來有什麼好處嗎？或者，沒有存錢可以避免什麼嗎？答案是「不太可能有什麼變化」。

現在，換上一個明確的動機或結果，再來考慮同樣的情境。如果你在某個期限之前存了五千英鎊，你會多出五千英鎊的零用錢，但如果你沒存到錢，你的腿會被截肢。你覺得這個情況下，最終結果會一樣嗎？答案還是「不太可能」。

有時我們在生活中面臨多種選擇，這些選擇衍生相互衝

突的需求。在辨證行為治療（DBT）中，我們可以稱之為
「辯證衝突」。例如，想像你有嚴重的社交焦慮，一想到和
別人交流，就讓你噩夢連連。你會有一種安全需求，那可
能促使你迴避他人（一種避免焦慮及感到安心的需求）。然
而，假設出於同樣的原因，你覺得非常孤獨，情感上孤立無
援，你可能因此產生一種強烈的情感聯繫需求（一種感覺被
愛及獲得支持的需求）。這看起來像下面這樣：

避免焦慮的需求　vs. 獲得支持的需求

　　你能看出這種情況下的需求衝突嗎？為了抒解焦慮，你
無法待在家裡同時又與人社交。你需要讓其中一個需求「勝
出」，至於是哪個需求，則由你決定。

- 你為什麼要改變？
- 你需要為這個改變付出什麼代價？
- 你願意為改變而努力嗎？
- 在你人生的這個階段，哪個需求比較重要？

　　你明白我的意思嗎？我們面臨的任何決定，總是有驅動
我們的因素。我們越早弄清楚這個決定可以讓我們獲得什麼
或避免什麼，並注意相互衝突的需求，就可以越早停止尋找
藉口，做該做的事。切記，意義與使命為我們提供健康與堅
韌的心靈，思考未來很重要。

💡 發現使命

我們已經討論過意義與使命在生活中的重要性，以及為什麼有人無法堅持到底，或因主觀原因而停滯不前。我們沒有提到的是，對許多人來說，他們的使命通常與重大事件有關。有時那個重大事件是好事，有時那是痛苦、但讓人產生熱情的往事。你知道生活中哪些事情造就了今天的你嗎？你能辨識哪些興趣讓你想要拉開旗幟，向全世界宣告嗎？請注意，大部分的人都有好幾個使命，又或者，我們的使命與我們賦予生活的意義不同。對我來說，知道孩子很健康、快樂、安全就是有意義的事。我人生在世就是為了確保孩子獲得照顧，但我的人生使命是為個人提供支持，幫大家改善健康幸福，哪怕只是一點點。這可能是透過我的治療工作、教學或著作發生。它們都非常不同，彼此獨立。然而，為了讓我的生活充滿意義與使命，我需要知道，我在專業上成長的同時，如何也讓孩子衣食無虞。那你呢？對你來說，意義與使命是什麼？

> 「我的人生道路有部分是從事啟蒙，這是我投入教學工作的主因之一，我知道我做的事情可以為別人帶來力量。我想，這就是我對我想做的一切所抱持的理念。做點為別人帶來力量的事情，做點創造美好的事情，做點創造歡樂的事情。」

我們再深入探索，來看大家覺得有助於發掘使命的一些基本對策。

- 為什麼（why）你想在生活中得到更多？我想讓你思考的第一步，就像弗蘭克所說的：你的原因。是什麼因素驅使你？為什麼你想改善職涯、搬到新的國家、學習、生孩子，或到社會救助中心當志工？
- 這個使命是什麼（what）？適合你現在的優點與天賦嗎？你如何盡量善用你的優點與天賦？為了什麼目的？首先，思考過去幾年你喜歡或想從事的嗜好與活動，然後把它們放到一個「更大的使命」脈絡中。
- 現在你如何建立生活的意義與使命？（或許可以回顧一下上一章有關目標設定及 SMART 選擇的段落。）把你的計畫與想法分解成比較好處理的小塊。把它們與你的原因（why）連結起來。

♥ 意義和感恩

為了在生活中找到樂趣與意義，我們需要懂得感恩，從日常的小喜悅到更大的成就都要懂得感謝。少了感恩的元素，生活就無法孕育意義。

想像一下，你剛從鎮上一家餐廳點了一份最愛的餐點，一位可愛又友善的服務生把這盤熱騰騰的餐點端上桌。你切下一口牛排，那塊肉在你的嘴裡化開了，汁液挑逗著你的味

蕾。馬鈴薯還在烤盤上滋滋作響，迷迭香的氣味撲鼻而來，宛如溫暖的擁抱。現在有兩種方式來處理這一刻，一種是好好珍惜及品味這段經歷，讓所有的感官都感到愉悅，大腦把這一刻記憶成一個小而美的愉快夜晚；另一種是匆匆度過這個過程，沒有真正去領會，也不記得這些小小的快樂。為了幫你持續對這種生活中的喜悅表達感恩之心，可以參考底下澳洲精神病學院（College of Australian Psychiatry）的建議：

- **創造回憶**。也許可以拍照或錄影，把它們做成家庭電影，或從某個特別的地方收集貝殼或乾樹葉，如此一來，就可以經常重溫腦中的感恩時刻。
- **與人分享**。無論是分享經歷，分享有形的東西，還是把感謝說出來，根據研究，讓別人參與你的正面經歷最能創造快樂。
- **享受當下**。現代生活中，我們往往過得很匆忙，沒時間盡情享受一些小事情，儘管它們可能是創造意義的最有力方式。還記得前面學過的感官對策嗎？也許那些對策可以幫你享受這些正面時刻。
- **多元化，但不要養成習慣**。研究顯示，大腦養成習慣後，神經元就不再對大腦習慣的事情做出等速的反應。以前，每週六晚上在門廊上吃披薩可能感覺很棒，但如果現在覺得那已經變成無聊的日常習慣了，那就改變一下吧！
- **寫感恩日記**。寫下你每天感激的事情及原因。練習第

二章討論的技巧（WWW 和你期待的東西）。

- **道謝**。也許你可以寫一封信給幫過你的人或其他人？你也可以給予挫敗者一些鼓勵，或是對服務員露出更多的微笑。畢竟，她為你端上美味的牛排。

- **不要永遠記恨在心**。這對我來說很難，有時我比較小心眼，但專家指出，那樣做只會削減生活的意義。所以，學習寬宏大量吧！

- **展現善良**。為人服務，不是只在佳節的時候。考慮一下你能做些什麼，然後就去付出。眾所皆知，助人為快樂之本。志工通常比領薪做事的人更可靠、更投入、更熱情是有原因的。善良與真誠的感激之情是無可取代的。

「我過於沉浸在自己的想法與問題時，治療師教我的一個對策是，把那個情況和更慘的人相比。剛開始這樣做時，我覺得有失尊嚴，但練習久了，我越來越覺得他的建議是對的。不管事情看起來有多糟，只要我記得我還有房子住、還有工作、還有健康的孩子，感覺就沒那麼糟了。」

💡 摘要

人生沒有明確的目標，就好像生活毫無意義的機器人。我們醒來、上班、和親友互動，但沒有一條路徑引導我們邁

向大局，沒有一條路考慮我們的熱情、價值觀、個人經歷，
並把那些熱情、價值觀、經歷塑造成對我們有意義的東西，
讓我們過充實的生活，並對我們克服的種種挑戰表達感謝與
責任。本章討論意義與使命的作用，並提出一些培養意義與
使命的對策。我想請你認真對待人生的意義與使命。創造意
義是幫我們自己及周圍人們強化韌性的最有效方式之一，不
要低估它的效果。你很特別，有天賦與才華，還有熱情，不
要浪費了，好好善用熱情來發揮影響力。

💡 任務練習

- 上 YouTube 的〈對抗平庸〉（Fight Mediocrity）頻
  道，搜尋「Man's search for meaning」，看那支影
  片。然後，思考一下你覺得生活中有意義的事情。

- 在一張紙上，寫下你的天賦、技能與熱情。想想你覺
  得最重要的事物。

- 找出你的原因（why）。一旦你知道那是什麼並接
  受它，就努力去找出你要做什麼（what）及怎麼做
  （how）。

- 寫下你以前為無法實現夢想與目標所找的藉口。然
  後，負起責任，承認你只要有心，就能克服那些藉
  口。

- 思考一個特定的使命、目標、夢想或任務，以及如果
  你去做那件事，你會得到什麼或失去什麼。如果你想

要成功，你需要先找出你做了以後會得到什麼，或不
做會失去什麼。記住那個原因，會驅使你堅持到底。

- 記下你自己的辯證衝突。當你知道那兩大需求相互衝
突時，回頭思考你為什麼要這樣做。那會幫你判斷哪
個需求比較重要。

- 心存感恩。為小事心存感念。給某人或宇宙寫一封感
謝信，即使不寫信，也一定要練習感恩。

- 搜尋感恩名言、勵志播客、其他培養意義的活動。切
記，正面思維永不嫌多。

- 如果你需要一個如何尋找及培養人生意義的提醒，可
以在社群媒體上關注我的帳號，以獲得更多正向心理
學的建議。

第十二章

管理危機與失落

　　韌性很重要，你駕馭它時，它會大幅改善你的生活。然而，即使你有超強的韌性，那也不表示你就不會遭遇不幸。遺憾的是，沒有什麼能阻止失落、創傷、危機來敲門。在這些情況下，韌性只能幫我們盡量因應危機。在我們繼續討論之前，請告訴我，悲傷、震驚、戲劇性的事件有什麼共通點？

　　答案很簡單，它們常出其不意地降臨，在當事人毫無防備下突襲，令人大吃一驚。我這輩子經歷過很多危機，從年紀很小時就開始了。對我來說，最鮮明的記憶是跟我的孩子有關的創傷，因為當下我非常無助。十六年前，我在懷孕二十週時做了一次超音波檢查，醫生告訴我，孩子在出生後無法存活。她被診斷出罹患波特症候群（Potter's sequence），這在當時是致命的。幾年後，在生了兩個孩子之後，我四個月大的兒子被診斷出眼裡有腫瘤。謝天謝地，他沒事。但命運再次把我的人生搞得天翻地覆，我花了很多精力去處理這些危機及生命中的失落。但我並不特別，我們都經歷過失落與創傷，需要重新評估生命的意義及重新學習走路。對有些人來說，危機是被診斷出罹患癌症；對另一些

人來說，危機是指離婚、意外懷孕或破產。

💡 態度決定一切

　　為什麼有些人比其他人更擅長因應挑戰？本書一再提到，我們解讀資訊的方式會產生很大的影響。有些人覺得挑戰是讓他們奮鬥、更努力、克服困難的原因。有些人覺得挑戰變成了藉口，這種人容易困在過去，受到痛苦與恐懼的羈絆。

　　有些人一再主張現實是主觀的，負面思維會給大腦帶來額外的壓力、創傷、糟糕的結果。但現實究竟是什麼？我說現實是社交建構的，在某種意義上來說，那甚至不重要，但有些人很討厭聽我這麼說。我這樣說並不是否認一個人可能經歷的困境與創傷，那些都是真實的，確實對人有很大的影響。但重點是，我們必須了解，死守負面的想法只會創造出更多的負面思維。當我們開始調整觀點，展現感恩，表達正面態度，並以鼓勵和強烈的訊息來滋養心靈時，你覺得會發生什麼？

> 「生活充滿了起伏，但我們最終會回到真正的核心，亦即我們看待生活的方式。有時我也懷疑，我們對生活的態度是否決定了明天可能面對什麼。」

　　態度決定一切。對有些人來說，這很自然。但是對另一

些人來說，這有點難接受，但我向你保證，正面態度會激發
出你從未想過你竟然擁有的應對機制。

💡 辨識危機

　　在我開始討論如何辨識危機之前，請容我說一句：對韌
性差的人來說，危機可能源自於一些微不足道的事情。如果
你正在讀這本書，你可能認為自己的韌性不強，可能想要強
化韌性。如果是這樣，你做得很好。希望你運用這些技巧
時，更懂得因應挑戰。在此同時，我想問你一個問題，你曾
有這樣的經驗嗎：某天你覺得遇上了危機，但隔天你就意識
到那不是危機？我有！因為我的情緒、疲勞、展望、積累的
壓力，影響了我處理事件的方式。所以，身陷危機大多和外
在實際發生的事情無關，而是看我們如何根據當時的情況及
當下的心境來看待那個事件而定。這也是為什麼有韌性又健
康的生活型態可以幫我們因應未來的危機。

　　除了新聞本身常見的回答以外，有一些跡象顯示你可能
身處在危機中。身體通常會比大腦先意識到這點，注意這些
跡象可以在危機完全來襲以前幫你找到一些支持。

　　什麼可能引發危機？這個答案範圍很大，但首先，發
現自己處於一個從未經歷過的情況，可能就是觸發點。第
二，感覺到自己失去力量或失控的情況都可能引發危機，
就像之前讓你陷入混亂的情況一樣。有時，那可能是事件
或新聞本身造成的。例如，發現你或深愛的人有不良的預後

（prognosis）*、突然失業或經歷痛苦的事情，一定會讓你頓時不知所措。

你可以注意一些常見的跡象，例如：

- 身體方面：掌心出汗、心跳加速、呼吸急促、顫抖或發抖、胃部不適。
- 情緒方面：焦慮、情緒化、恐慌、煩躁、無助、絕望。
- 認知方面：失焦、注意力渙散、記憶喪失、難以處理資訊。
- 行為方面：失眠或噩夢、憤怒、哭泣、嗑藥、孤僻、異常行為。

如果你發現自己出現這種情況，或許可以考慮以下幾點。切記，每個人不管韌性多強，在生活中都會遇到許多危機，這很正常。在危機降臨以前，了解如何應對這種情況可能有助益。

> 「我記得我坐在醫生診間的椅子上，盯著他看，彷彿他有兩顆頭似的。接著，我突然笑了起來，他一定搞錯了吧⋯⋯我怎麼可能得癌症！我還有兩個小孩要照顧！突然間，一切都失去意義了。

---

* 譯註：指醫生對病情發展的預測。

我走出醫院時，找車找了很久，因為我不記得我把
車子停在哪裡了。」

💡 我們可以務實地思考一下嗎？

受到衝擊時，身心需要一段時間調適。在急診室工作了
多年，我可以作證，人陷入危機時，可能連最基本的功能都
忘了，不僅需要指引，甚至連喝水或該打電話給誰都要人協
助。遇到危機時，務實的基本對策很有用。

消化事實

你剛剛接到壞消息，不管那是關於工作、健康、還是
家人。你坐在沙發上心想：「我沒聽錯嗎？這怎麼可能發
生？」但事情確實發生了，你的大腦嗡嗡作響，突然間整個
房間好像沸騰了起來。背景有聲音問你一百個問題，你只能
回答是或否。停！在你嘗試做任何事情之前，先消化那個壞
消息。或許可以請人幫你泡杯茶，打開窗戶，或是幫你撥電
話給伴侶。聽到壞消息時，大腦進入危機模式、當機或爆炸
都很正常，然而，這些反應都沒有多大的幫助。這時應該深
呼吸，集中注意力，以自我對話安撫自己。等你消化完壞消
息後，再思考任何決定。

切忌鴕鳥心態

有些人對壞消息不知所措，所以乾脆完全迴避。長遠來

看，假裝那件事情沒發生並沒有助益。不要壓抑情緒，趕快
尋求協助來處理最初的危機或採取必要的步驟。許多研究顯
示，相較於發洩情緒及對外求助，壓抑情緒會導致更多的創
傷後壓力症候群（PTSD）。

展現智慧以接受不可避免的命運

　　我從人生中學到，有些事情可以改變，有些事情無法改
變。面對無法改變的事情，我們只能接受眼前的挑戰，盡力
而為。坦然面對自己無法掌控及無能為力的情況。失去力量
及無助感令人無奈，但接受命運的同時，也帶有一種平靜
的元素。根據接納與承諾療法（acceptance and commitment
therapy, ACT），這不表示你喜歡、認可或享受你經歷的事
件或感受，絕非如此。那只是表示你不會浪費精力去對抗或
迴避它們。你會學習接納、適應、處理它們。

　　　「上帝賜予我們平靜，去接納我們無法改變的
　　事情；賜予我們勇氣，去做我們能改變的事情；賜
　　予我們智慧，去分辨這兩者的不同。」（寧靜禱
　　文，作者不詳）

練習身心相連

　　還記得第三章學到的情緒調節及感官調節對策嗎？現在
是複習的好時機。使用你的感官錦囊、深呼吸練習、你所選
擇的關愛自我方式，確保身心獲得需要的休息。瑜伽、意象

訓練或雙耳頻差音樂（binaural beat music）*都可以幫你把身心連接到放鬆的狀態。

降低期望

在危機中，事情可能突然變得非常艱難或折騰。在得知這個消息以前，你可能同時兼了幾份差，在某個運動社團裡當志工，寫部落格，每週末跑馬拉松。但是讓我告訴你，你可能需要放慢生活步調。這不表示你要永遠放棄一切，但你在因應重大變化時，大腦可能比較沒那麼靈敏，身體可能比較疲勞。不要驚慌，只要聽從身體的暗示，放鬆就好。

為觸發因子做準備

無論是週年紀念、知名廣告，還是平凡的事情，有些事情總是讓我們觸景傷情，回想起失落和過去的創傷。我很清楚那是什麼感覺，我已經接受了女兒早夭的事實，但每逢她的生日，也就是該死的八月十三日，我通常還是會崩潰。為什麼？因為我們不是機器人，我們感覺到觸發因子，感到痛苦，那些小小的提醒可能把我們帶回危機當下。所以你需要超前部署，如果你知道每天早上八點收音機播放的一首歌讓你心煩，就關掉收音機五分鐘。如果你知道某個週年紀念即

---

* 作者註：「雙耳頻差」是一種特殊的聲音，它可以塑造大腦活動來提高專注力，促進創意的發揮，改善心情。聆聽雙耳頻差是一種免費、安全、越來越熱門的心理健康維持方法。

將到來，何不為其他正面的事情籌辦慶祝活動？如果你知道你每次看到紅裙子就會想起某件往事，也許你可以在隨身的包包裡放薄荷油或帶點糖果，當你搭火車，對面突然坐了一個穿紅裙的女人時，就可以把東西拿出來安撫自己。

危機或悲傷 vs. 急性精神問題

「預期的」危機管理與痛苦的悲傷，跟急性精神問題不同。你應該留意的症狀包括：出現想要傷害自己或他人的念頭，日常活動完全停擺（例如洗澡、吃飯，甚至睡覺），以及出現令你或他人擔心的想法或感知。在經歷危機或創傷性失落後，出現急性精神問題並不罕見。這些情況需要治療，請諮詢家庭醫師或心理專家。

💡 創傷後的成長

人經歷失落或創傷時，可能朝兩種方向移動：急性壓力反應（PTSD），或創傷後成長（post-traumatic growth, PTG）。沒錯，有些人可能兩種情況都沒出現。目前為止，多數人知道壓力反應或 PTSD 是什麼，所以這裡不再贅述。許多人不知道的是，有些人在經歷創傷事件後，也會經歷一種特殊的成長。為了說明這種情況，我想稍微談一下我的博士研究。我的部分研究是探索女性產前得到不良診斷後的經驗。為此，我採訪了一百二十名婦女，她們產前接獲孩子被診斷罹患致命或長期疾病的消息。這些婦女得知孩子生命不

保的消息時，都經歷了創傷與悲痛，但一百二十人中有一百
一十二人在失去孩子後出現 PTG 症狀。

幾乎所有受訪的女性都在一個或多個重要領域中出現進
步。這究竟意味著什麼？這表示，當我們讓自己的經歷被看
到，並以更正面的態度生活時，就會出現 PTG 症狀，其中
包括：

更加感恩

生活中的感恩增加，讓你對於什麼是重要的、「值得
的」，產生新的認知。有上述經驗的許多人說，他們用新的
眼光看待生活，對每天的小小福份抱持感恩，能夠忽略日常
生活中的小問題。我的一個患者談到，她的經歷讓她意識
到，區分生活中重要與無關緊要的事情很重要。

有意義的人際關係

人際關係變得更有意義（既肯定他人的價值，也更珍惜
那些關係），在創傷後很常見。你看災難發生後社區如何團
結起來，就是很好的例證。許多經歷過 PTG 的人以友好、
支持或表達同理心的方式，來談論友誼、夥伴或社區成員的
價值。

強化個人特質

出現 PTG 的人說，他們因應未來試煉的能力與意願都
提升了。例如，我採訪的女性談到她們的個人特質成長包括

技能的發展、寬容、對他人更有愛或耐心。說白了，她們覺得，如果她們能從孩子的死亡中振作起來，她們也能從其他危機或災難中活下來。

發現新的可能

由於有那些經歷，許多有 PTG 的人心想，他們也許可以為他人做善事。加入互助團體、志願服務、編織團體或提供免費服務也很常見。我遇到每個有 PTG 的人都說，他們很高興自己有機會為別人的生活與幸福做出貢獻。

心靈發展

許多人也在宗教或靈性方面有所發展。對一些人來說，這就像「上帝的旨意」一樣簡單。對另一些人來說，這比較像是相信「命運」。PTG 的這個領域包括開始教導他人關於善良、生活或希望等主題。

> 「去年我和一群朋友參加一場會議，其中一位講者是家暴的受害者。她全身的傷疤證明她沒有說謊，我們看了都很震驚。我們之中有些人聽完演講後，對法律感到絕望，但多數人在她的演講激勵下，加入了她的互助團體當志工。」

雖然大家對 PTG 的體驗與描述各不相同，但有一點很清楚。多數人以正面的方式描述他們經歷創傷後的成長，所

以我和各位分享這個例子的原因是，我想提醒大家，有了韌性，幫你安度考驗與挑戰的能力就會隨之而來。無論生活對你拋出什麼挑戰，都不要害怕懷抱希望。

💡 摘要

危機與失落是人生的一部分。它們大多是痛苦、創傷、不愉快的。然而，只要有韌性及懷抱希望，就能更妥善地因應那些突如其來的挑戰。本章討論一些你經歷危機或失落後可能出現的跡象。切記，每次危機與失落都是獨一無二的，你可以用自己的方式應對。事實上，我們常說，對不正常的情況，做出不正常的反應，其實是正常的。一個人聽到壞消息時，若是毫無痛苦、震驚、憤怒或恐懼，那他一定出了問題！

請記得，你無法在危機當下臨時採用這些韌性技巧。如果你遇到困難以前還不熟悉本章的內容，你可能需要幫助，才能在混亂中運用這些對策。讓自己的周遭充滿支持，善待自己，記得練習正面的自我對話。如果那意外不該視為危機，就把它降級為惱人的事情，而不是全面的災難。

最後，切記，每次失落、痛苦、挑戰結束時，都是一次成長的機會。別讓機會從身邊溜走了。

🔘 任務練習

- 思考你以前經歷過的一次危機。你是否出現本章描述的症狀？哪一種？當時你知道嗎？

- 思考現有、過去或潛在的挑戰。從兩種角度看它，一種是正面或充滿希望的，另一種是消極或無助的。這對你的觀點有什麼影響？

- 以前你感到不知所措時，哪些事情對你有幫助？請說明。

- 回到第三章談情緒調節和感官對策的內容，想想你遇到危機或失落時，如何運用它們。把感官錦囊中的東西拿出來做實驗。

- 想想身邊哪些人（或哪些名人）在面對逆境時抱持負面態度。你認為他們為什麼會那樣？這種態度後來對他們產生什麼影響？

- 查一下新聞、社群媒體或雜誌上有創傷經歷的人，注意那些把痛苦轉化為正面特質的人（通常是為他人做善事）。是什麼驅使他們這麼做？描述一下他們對考驗的態度。

- 上網查「創傷後成長量表」（post-traumatic growth inventory）。用那份量表來找出你在創傷後可能出現的任何 PTG 症狀。哪些領域特別顯著？說明那是如何產生的。

- 思考你的整體韌性，你會給自己打幾分？你的韌性是

否隨著時間而變強？你是如何判斷的？

- 列出讓你觸景生情的觸發因子，然後寫下你解決、迴避或因應那些觸發因子的方法。

- 如果你注意到任何持續、慢性或急性的症狀可能超出了正常的悲傷或你應對的能力，請尋求協助。聯繫你的家庭醫師、治療師或互助團體。

謝辭

　　二〇一九年對我來說是忙碌的一年。除了工作與其他職責外，我完成並出版了三本主題各不相同的自我成長書：《伴侶的真正人生指南》、《兒童的健康心態》、以及這本最新的書。雖然我熱愛寫作，也真心相信這三本書的內容，但若不是許多人在背後支持，這三本書都不可能出版。

　　首先，我想感謝家人，尤其是我的孩子，他們忍受我的瘋狂截稿日、四處打書演講、宣傳與行銷，也給了我很多的空間，讓我擁有比一個好母親該有的還多的幸運。對我來說，寫書一直是一件苦樂參半的事。當我撰文以期改善他人的生活時，我總是希望家人能明白，我做這一切的時候，內心總是惦念著他們。今年，看著女兒朱莉安娜完成社工學位的最後一年，我感到非常自豪。朱莉安娜說，《超級兒童的健康心態》（這個系列的第一本）讓她想要從事和我一樣的工作，我期待看到她用我過去二十年的方式，來支持她遇到的每個家庭。我的兒子基利安與費尼克斯就像支持我的磐石。他們善良、聰明，我很喜歡半夜與他們擁抱、閒聊。說到我最小的兒子傑特與諾亞，我就滿心洋溢著愛，覺得身為他們的母親很幸福。我也要感謝我的母親，她常幫我照顧孩子及打理家務，不僅如此，她也是我的最佳傾聽者與後盾，

我想在此表達我對他們深深的愛。

我也想感謝同事對我的熱情支持與鼓勵，也謝謝他們願意在我寫書期間幫我閱讀部分的書稿，尤其是來自洛根市（Logan City）的無家可歸者健康外援團隊（Homeless Health Outreach Team, HHOT）（你們太棒了！）、大都會南方心理服務中心（Metro South Mental Health Services），以及多年來與我共事或交流的所有臨床醫生。他們幫我傳遞了我的研究內容，也分享了那幾本書的好評，我覺得非常幸運。

感謝私愛寫園地（Private Scribophile Playground，PSP）的每個人，這是著名的作家團體「愛寫」（Scribophile）中的一個私密團體。謝謝私愛寫園地裡的人所分享的名言錦句、勵志演講與友誼。尤其感謝馬克為這本書所做的腦力激盪，感謝蒂娜提供的專業建議及試讀部分章節。身為作家及作家社群的一員，今年讓我脫胎換骨。我鼓勵所有的作家，無論是小說家、還是非小說家，都去找一個好的寫作團體，那可以讓你變成更好的作家。

當然，我要感謝 Jessica Kingsley 出版社（JKP）和整個出版團隊，尤其是我最初的編輯安德魯，感謝他在過程中提供的實用建議與高效支援，也感謝後來加入團隊的珍，她也是採用同樣美好的方式。我很期待未來與 JKP 繼續合作。

最重要的是，感謝支持這本書的家庭、青少年與成人。有機會在治療的過程中與他們一起努力，是我的榮幸。看著這些練習在他們身上培養出韌性，也令我感動。我很高興能

在這本書中探索我們最關切的主題與挑戰，也期待讀者的意見回饋。

附錄

以下附錄功課，皆可複印、謄寫、以自己的方式記錄。

1. 討論話題
2. 檢查表
3. 練習記錄
4. ABC 模型
5. 設定目標
6. 最佳情境、最糟情境、現實情境
7. 了解恐慌症發作
8. 三十天的韌性挑戰
9. 延伸閱讀與觀賞

另外，你還可以試著畫「療癒著色紙」，你可以在 www.justcolor.net 取得。

1. 討論話題

這本書提到許多有趣的話題與挑戰，有些很簡單，有些比較難單獨處理。你可以考慮找親友或專業人士來談談令你擔憂的問題。思考以下的問題可能對你有益：

- 你對自己的最早記憶是什麼？你如何描述當時的自尊？後來有變化嗎？為什麼，有什麼改變？何時變的？
- 思考一下你對自己、對事件、對未來的看法。這是受到榜樣的影響嗎，還是先天的？
- 你成長的過程中，發生過什麼重要的事情？那件事是否影響你處理資訊與事件的方式？
- 你小時候如何自我安慰？成年後呢？
- 你對關愛自我感到內疚嗎？你多久善待自己一次？你最喜歡做什麼？
- 有人曾經對你說你的溝通有問題嗎（包括言語或肢體語言）？這是你想改變的嗎？
- 從 1 到 10 分（1 是最低分，10 是最高分），你給自己的壓力和焦慮程度打幾分？本書中哪些對策對你有效？
- 思考你所有的特質，包括你的優缺點。這些特質對你的孩子和身邊的親人有什麼影響？你在日常生活中可以辨識這些特質嗎？你如何教你愛的人因應這些特

質?

- 思考你的社交生活。你滿意嗎?為什麼?
- 憤怒是你生活中面對的問題嗎?無論是你自己的憤怒,還是別人的憤怒?這是你該跟別人談談的事情嗎?
- 思考你的身體健康。在體重、運動、放鬆、嗑藥與喝酒方面,你目前的狀況如何?你是屬於綠區(狀態良好)、橘區(可以改善)、還是紅區(需要趕緊改進)?
- 反思你過去解決問題與危機的方式。你的成效如何?你學到什麼?
- 你未來想實現什麼目標?
- 什麼對你很重要?你的人生使命是什麼?
- 未來五年或十年,你覺得自己會達到什麼境界?

2. 檢查表

　　我可以請你定期檢查進度嗎？你可以隨意複印這一頁，偶爾填一下這張表。填表的當下，你可能覺得這樣做沒有用。但你回顧這張表，反思生活的起起落落時，它會帶給你很多驚喜。即使這張表不令你驚訝，時間久了，總是有慶祝你進步的機會！

日期：

給自己的訊息，關於本週／本月／今年：

✏ _____

_____

_____

我感恩的事：

✏ _____

_____

_____

今年我學到什麼：

✏ _____

_____

_____

壓力源：

✎ _____

_____

_____

成就：

✎ _____

_____

_____

善舉：

✎ _____

_____

_____

下週／下個月／明年的目標：

✎ _____

_____

_____

3. 練習記錄

你在忙什麼？（目標、技能、活動……）

🖉 _____

_____

_____

_____

_____

_____

_____

你承諾做什麼，怎麼做？（SMART、正面、助人……）

🖉 _____

_____

_____

_____

_____

_____

_____

	我做了什麼	結果如何	下次我會改變 或維持什麼
週 一	🖉	🖉	🖉
週 二	🖉	🖉	🖉
週 三	🖉	🖉	🖉
週 四	🖉	🖉	🖉
週 五	🖉	🖉	🖉
週 六	🖉	🖉	🖉
週 日	🖉	🖉	🖉

4. ABC 模型

我們在生活中都會遇到一些充滿挑戰的事情。如何因應那些事件其實操之在我們手中。認知行為治療（CBT）的基礎，是透過特定事件來質疑我們的「信念」或「想法」，從而創造更好、更健康的體驗。

行動

✎ _____

_____

_____

信念

選擇一

✎ _____

_____

_____

選擇二

✎ _____

_____

_____

結果

選擇一的結果

✎ _____

_____

_____

選擇二的結果

✎ _____

_____

_____

5. 設定目標

目標 （定義並按照優先順序寫下來）	✎
達到這個目標的效益與優點	✎
我需要採取的關鍵步驟	✎
我何時做這件事 （記下截止期限）	✎
支持與資源 （什麼支持，以及我需要誰的支持；什麼資源，例如時間、金錢、人脈）	✎
結果與反思 （記下你是否實現了目標，以及過程中什麼有效、什麼無效）	✎

6. 最佳情境、最糟情境、現實情境

　　你感到焦慮時，直接跳到最糟情境是很正常的，但你是否花時間想過其他情境呢？一般來說，最佳情境也不是很常見，但你知道最佳情境是什麼樣子嗎？至於現實情境，我已經幫你想了前兩個例子，這個就要靠你自己想了。練習下面的例子，當焦慮來襲時，記得把焦點放在現實情境上。

	最佳情境	現實情境	最糟情境
你在火車上掉了錢包	有人發現了那個錢包，錢包裡的錢原封不動還你，還給你一百美元補償你遇到的麻煩。	你馬上終止所有的銀行卡，但需要換卡，雖然麻煩，但損失不大。	有人找到你的錢包，把你的存款領光了。
老闆找你去開會	他對你的表現非常激賞，想把你升任為執行長。	他為一個專案想到了一個點子，想徵詢你的意見。	他毫無緣由地討厭你的工作態度，對你的績效很不滿，打算開除你。
你這週胖了兩公斤	✎	✎	✎

	最佳情境	現實情境	最糟情境
孩子在鬧彆扭	✎	✎	✎
這個月的錢不夠用	✎	✎	✎
抽血檢驗結果不正常	✎	✎	✎
別人與你約好卻遲到了	✎	✎	✎
伴侶拒絕了你的晚餐約會	✎	✎	✎
你受邀參加一場派對	✎	✎	✎

7. 了解恐慌症發作

很遺憾，對很多人來說，焦慮與恐慌是真實存在的。如果你曾有這樣的經歷，你會記得大腦超速運轉時，那種胸悶、頭暈、心跳加速的感覺。

為什麼會發生這種情況？很簡單，一切都是從呼吸困難開始的，而且通常是發生在你意識到恐慌症發作之前。也許你感到有一點壓力，也許背景發生了什麼事情，在你注意到以前，你的呼吸已經從正常的每分鐘十五次，增為十八次和二十四次！

這裡插播一個新聞快訊！氧氣對人體器官很重要，太多的二氧化碳不是好事！看看以下的狀況：

正常呼吸（每分鐘十五次）

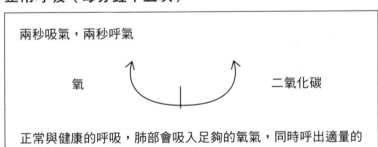

兩秒吸氣，兩秒呼氣

氧　　　　　　　　　　　　　二氧化碳

正常與健康的呼吸，肺部會吸入足夠的氧氣，同時呼出適量的二氧化碳，身體感覺平衡。

恐慌發作前（每分鐘十八次）

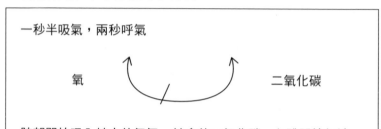

一秒半吸氣，兩秒呼氣

氧　　　　　　　　　　　　　二氧化碳

肺部開始吸入較少的氧氣，較多的二氧化碳，心跳開始加速。身體的不平衡使你感到不安，如果你不注意呼吸，恐慌症很快就會發作。

恐慌症發作警報！（每分鐘二十二至二十四次）

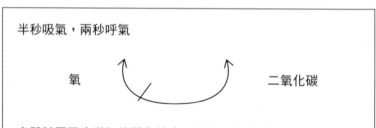

半秒吸氣，兩秒呼氣

氧　　　　　　　　　　　　　二氧化碳

身體試圖因應增加的腎上腺素、缺氧、額外的二氧化碳時，心率會迅速增加，你可能覺得胸部很悶，恐慌感籠罩全身。

現在發生了什麼？

　　如果你無法及時掌控呼吸，血液中增加的腎上腺素可能導致你當下愣住不動，或者出現「戰或逃」反應。雖然這在穴居時代是好的（因為它可以幫我們對抗危險），如今我們知道，過多的腎上腺素對健康有害，可能導致疲勞、壓力、

心理問題、思緒紛亂。

處理恐慌症發作的第一步,是確認這是與呼吸不平衡有關的生理事件。當然,負面思維、思緒紛亂、一般恐懼也會使它惡化,但只要呼吸不加速,不太可能變成恐慌症發作。

我該怎麼辦?

1. 讓自己待在一個安全舒適的空間。
2. 從橫膈膜深呼吸兩次,深深吸氣,再深深吐氣。反覆這樣做,直到呼吸和心率降下來。
3. 清空大腦中的壓力或負面想法,做本書提到的自我對話和其他練習。
4. 溫和地善待自己。接受你剛剛經歷了一次生理事件,那是可以用專注的呼吸來控制的。
5. 回穩後,尋求支持或分散注意力,或以建設性的方式處理事件。

恭喜你,只要多練習,就能掌控恐慌症發作了。

8. 三十天的韌性挑戰

五次 深呼吸	打電話 給朋友	安排一些 獨處時間	捐一些 舊衣服
安排 午餐約會	做皮拉提斯／ 瑜伽／伸展課	尋找 Moodgym 方案 （或類似的方案）	煮一頓 健康的餐點
聆聽好音樂	去 spa 或去 理髮院／美容院	散步	求助
主動助人	提早就寢	早起看日出	只喝水， 不喝其他的東西
安排全家的 遊戲之夜	讚美他人	刪除負面的 社群媒體帳號	寫感恩日記
練習 WWW （今天什麼 很有效）	為你的 感官錦囊 添加一項東西	在活動當天 落實 ABC 模型	決定新界線 及其適切的步驟
思考最佳情境、 最糟情境、 現實情境	寫一封信給 自己，信中 談到優點、 使命與成就	寫下本月你 期待的三件事	看一支正向 心理學的影片
	下載一句 激勵名言	做一些藝術療法 （曼陀羅、工藝 或繪畫）	

9. 延伸閱讀與觀賞

底下是書中建議的一些連結與參考資料。我非常推薦你去查一下這份清單收錄的東西。

- **Moodgym 方案：**這是這類方案中最好的，請上 https://moodgym.com.au
- **FightMediocrity** 的 YouTube 頻道：以實用的影片傳達精彩又正面的訊息，我非常推薦。（www.youtube.com/fightmediocrity）
- **Michael Sealey** 的放鬆錄音。這是幫你入睡、放鬆或提振心情的一種巧妙方式：www.youtube.com/MichaelSealey
- Spotify 或其他 podcast 上由 **Fearless Motivation** 等單位發布的勵志演講。他們收集了上百個演講，幫你達到目標。我非常喜歡這些內容！
- **維克多・弗蘭克的《活出意義來》**。到處都可以買到，這本書會改變你對人生意義的看法。
- 免費的**療癒著色紙**：www.justcolor.net
- 在**網路上搜尋「感官錦囊」**（sensory kit/box）。有幾十家網路商店提供感官裝備、毛毯、物品與資源。
- **席德・艾茲蕊（Sid Azri）和史蒂芬妮・艾茲蕊合著的《伴侶的真正人生指南》**。如果你想和伴侶一起改善生活技巧，一定要讀這本書。從溝通到懷孕，從社群媒體到性愛，主題多元，你一定要看看。

　　當然，還有**我**！如果你想了解任何類型的正向心理學或想加入我們的社群，請上臉書和 Instagram 搜尋我的作者專頁（Dr. Stephanie Azri），或上我的網站 www.stephanieazri.com。

【NEXUS】MN001

啟動你的韌性開關：十二道練習給情緒正能量，讓內在更強大
Unlock Your Resilience: Strategies for Dealing with Life's Challenges

作　　　者❖ 史蒂芬妮・艾茲蕊（Stephanie Azri）
譯　　　者❖ 洪慧芳
封 面 設 計❖ 張巖
內 頁 排 版❖ 張靜怡
總 編 輯❖ 郭寶秀
責 任 編 輯❖ 力宏勳
行 銷 業 務❖ 許芷瑀

發　行　人❖ 涂玉雲
出　　　版❖ 馬可孛羅文化
　　　　　 104 臺北市中山區民生東路二段 141 號 5 樓
　　　　　 電話：(886) 2-25007696
發　　　行❖ 英屬蓋曼群島商家庭傳媒股份有限公司城邦分公司
　　　　　 臺北市中山區民生東路二段 141 號 11 樓
　　　　　 客服服務專線：(886) 2-25007718；25007719
　　　　　 24 小時傳真專線：(886) 2-25001990；25001991
　　　　　 服務時間：週一至週五 9:00 ～ 12:00；13:00 ～ 17:00
　　　　　 劃撥帳號：19863813　戶名：書虫股份有限公司
　　　　　 讀者服務信箱：service@readingclub.com.tw
香港發行所❖ 城邦（香港）出版集團有限公司
　　　　　 香港灣仔駱克道 193 號東超商業中心 1 樓
　　　　　 電話：(852) 25086231　傳真：(852) 25789337
　　　　　 E-mail：hkcite@biznetvigator.com
馬新發行所❖ 城邦（馬新）出版集團【Cite (M) Sdn. Bhd. (458372U)】
　　　　　 41, Jalan Radin Anum, Bandar Baru Seri Petaling,
　　　　　 57000 Kuala Lumpur, Malaysia
　　　　　 電話：(603) 90578822　傳真：(603) 90576622
　　　　　 E-mail：services@cite.com.my

輸 出 印 刷❖ 前進彩藝有限公司
初 版 一 刷❖ 2022 年 3 月
定　　　價❖ 360 元（如有缺頁或破損請寄回更換）

國家圖書館出版品預行編目資料

啟動你的韌性開關：十二道練習給情緒
　 正能量，讓內在更強大／史蒂芬妮・
　 艾茲蕊 (Stephanie Azri) 著；洪慧芳譯.
　 -- 初版 . -- 臺北市：馬可孛羅文化出
　 版：英屬蓋曼群島商家庭傳媒股份有
　 限公司城邦分公司發行, 2022.03
　 面；　公分 . -- (NEXUS；MN001)
　 譯自：Unlock your resilience: strategies
　 　 for dealing with life's challenges
　 ISBN 978-986-0767-78-0（平裝）

　 1. CST: 自我實現　2. CST: 生活指導

177.2　　　　　　　　　　111000940

城邦讀書花園
www.cite.com.tw

ISBN：978-986-0767-78-0（平裝）
ISBN：978-986-0767-85-8（EPUB）